Du même auteur

RAMSÈS

* Le Fils de la Lumière

** Le Temple des millions d'années

*** La Bataille de Kadesh

**** La Dame d'Abou Simbel

***** Sous l'acacia d'Occident

ISBN : 2-221-08507-8

Christian JACQ

Sur les pas de Ramsès

Robert Laffont

TABLE DES

MATIÈRES

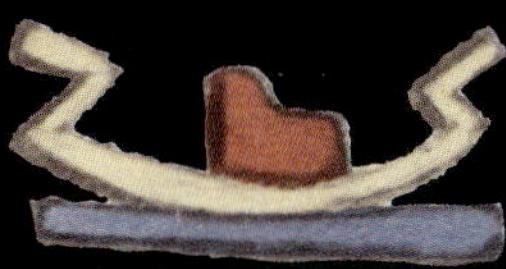

ÉGYPTE ANCIENNE
Repères chronologiques

ÉPOQUE ARCHAÏQUE (Dynasties I et II)
Vers 3150-2690 av. J.-C.

ANCIEN EMPIRE (Dynasties III-VI)
Vers 2690-2180 av. J.-C. Le temps des grandes pyramides.
Parmi les règnes majeurs, ceux de Djéser et de Khéops.

PREMIÈRE PÉRIODE INTERMÉDIAIRE (Dynasties IX-XI)
Vers 2180-2060 av. J.-C.

MOYEN EMPIRE (Dynasties XI-XII) :
Vers 2060-1785 av. J.-C. (Règnes des Amenemhat
et des Sésostris)

DEUXIÈME PÉRIODE INTERMÉDIAIRE (Dynasties XIII-XVII)
Vers 1785-1570 av. J.-C. (Invasion et occupation hyksôs)

NOUVEL EMPIRE (Dynasties XVIII-XX)
Vers 1570-1070 av. J.-C. (Parmi les pharaons célèbres
de la XVIIIe dynastie : Hatchepsout, Akhénaton,
Toutankhamon).

XIXe DYNASTIE
Ramsès Ier (1293-1291)
Séthi Ier (1291-1278)
Ramsès II (1279-1212)
Mérenptah (1212-1202)

TROISIÈME PÉRIODE INTERMÉDIAIRE
Vers 1070-672 av. J.-C.

BASSE ÉPOQUE
672-342 av. J.-C.
Occupation perse : 342-333 av. J.-C.
Conquête d'Alexandre le Grand : 333
Époque gréco-romaine : 333 av. J.-C. - 395 ap. J.-C.

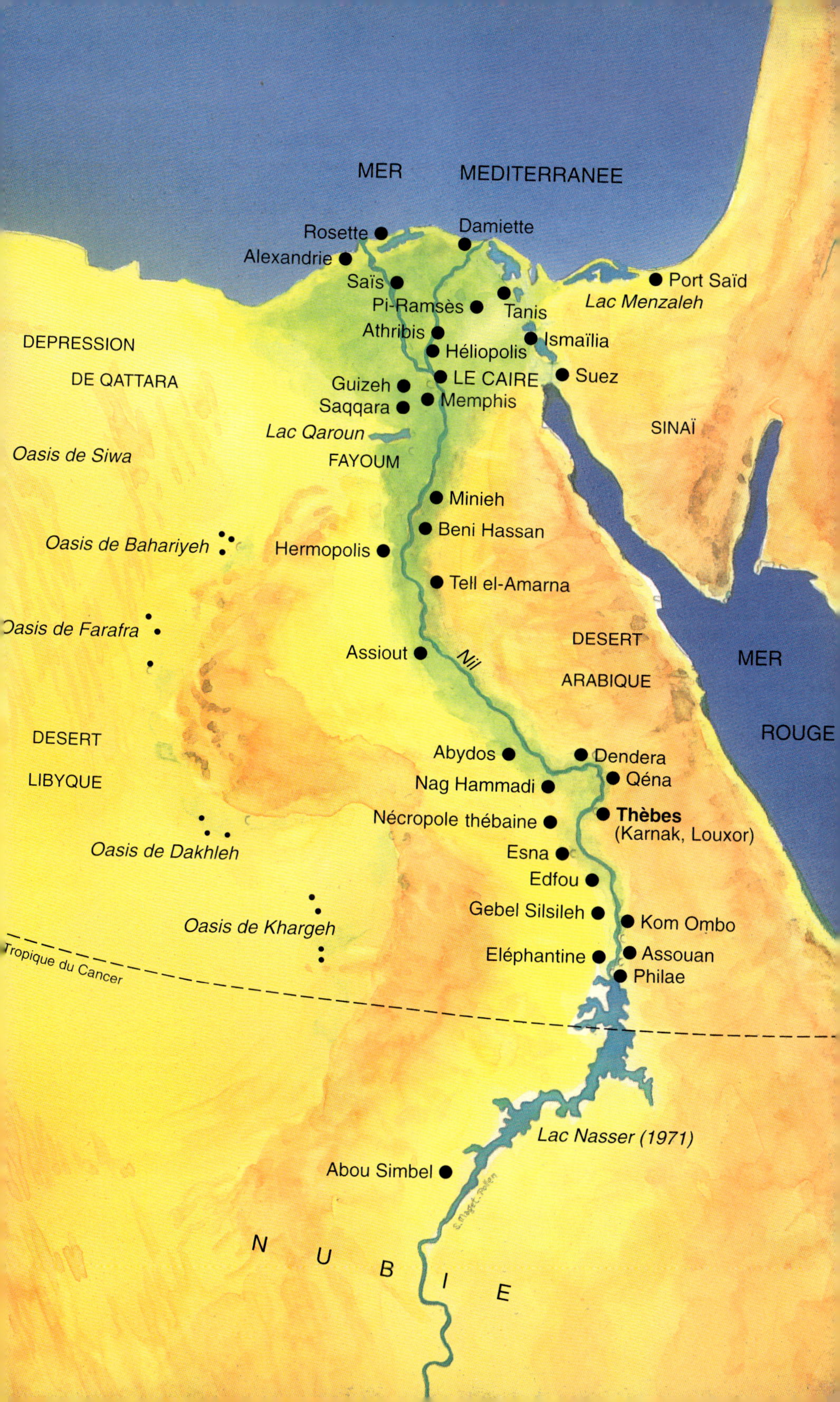
MER
MEDITERRANEE
Rosette
Damiette
Alexandrie
Saïs
Port Saïd
Pi-Ramsès
Tanis
Lac Menzaleh
DEPRESSION
DE QATTARA
Athribis
Héliopolis
Ismaïlia
Guizeh
LE CAIRE
Suez
Saqqara
Memphis
SINAÏ
Lac Qaroun
Oasis de Siwa
FAYOUM
Minieh
Beni Hassan
Oasis de Bahariyeh
Hermopolis
Tell el-Amarna
Oasis de Farafra
DESERT
Assiout
Nil
ARABIQUE
MER
DESERT
ROUGE
LIBYQUE
Abydos
Dendera
Qéna
Nag Hammadi
Nécropole thébaine
Thèbes
(Karnak, Louxor)
Oasis de Dakhleh
Esna
Edfou
Gebel Silsileh
Kom Ombo
Oasis de Khargeh
Eléphantine
Assouan
Tropique du Cancer
Philae
Lac Nasser (1971)
Abou Simbel
N U B I E

MER NOIRE
MER
EGÉE
Troie
HATTI
Hattousa
Halys
ANATOLIE
EUBÉE
EMPIRE HITTITE
Karchemish
Alep
CRÈTE
CHYPRE
Ougarit
RHODES
Kadesh
Simyra
Byblos
SYRIE
MER MEDITERRANEE
Sidon
Tyr
Dama
Megiddo
Beth-Shan
CANAAN
Sichem
Jérusalem
DELTA
MOAB
Gaza
Pi-Ramsès
Silé
Qantara
Memphis
EDOM
SINAÏ
Mont
Sinaï
EGYPTE
Nil
Koptos
MER
ROUGE
Thèbes

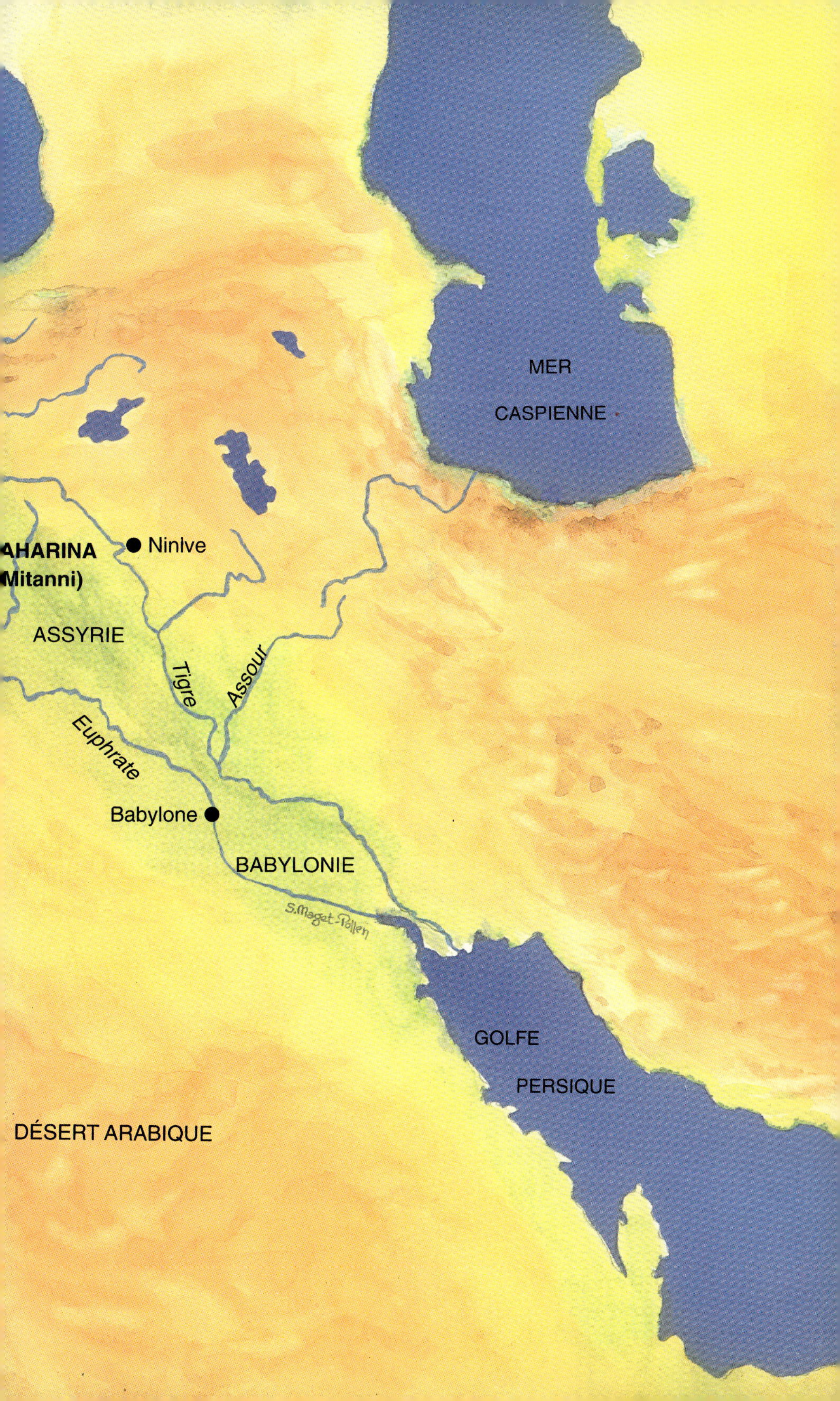
MER
CASPIENNE
AHARINA
Mitanni)
Ninive
ASSYRIE
Tigre
Assour
Euphrate
Babylone
BABYLONIE
S.Maget-Pollen
GOLFE
PERSIQUE
DÉSERT ARABIQUE

Pèlerinages Ramessides

Ce petit livre est un hommage à mes lecteurs. D'après leurs nombreux et émouvants témoignages, ils ont vécu avec passion l'épopée de Ramsès qui s'achève avec *Sous l'acacia d'Occident.* Un hommage, et aussi une confidence car, grâce à ce recueil d'images photographiques, je souhaite leur faire partager la vision de sites marqués par l'empreinte de Ramsès le Grand, de lieux dont j'ai tenté de percevoir le secret, d'endroits magiques dont je me suis inspiré pour écrire. Là vécurent Ramsès, Néfertari et

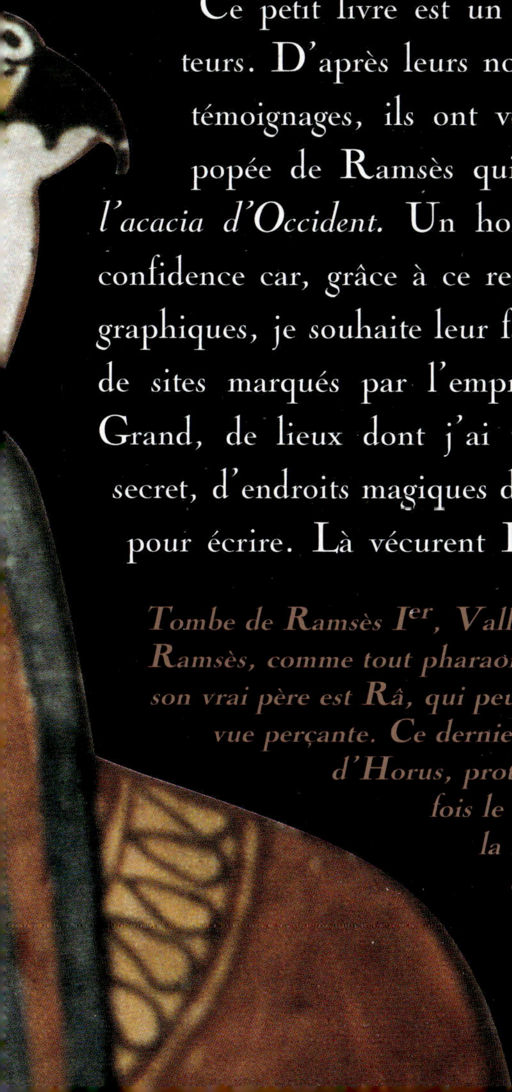

Tombe de Ramsès Ier, Vallée des Rois
Ramsès, comme tout pharaon, est « Fils de la Lumière », et son vrai père est Râ, qui peut s'incarner dans le faucon à la vue perçante. Ce dernier est aussi l'incarnation d'Horus, protecteur de la royauté. Il est à la fois le dieu qui voit au loin et confère à la monarchie pharaonique une dimension cosmique, et le successeur d'Osiris qui fait de Pharaon un être qui appartient à la fois à l'au-delà et à l'ici-bas.

Louxor - Ce cartouche (une forme ovale qui symbolise le cosmos sur lequel règne le roi) contient les hiéroglyphes formant l'un des noms de Ramsès II : Ouser-Maât-Râ setep-en-Râ, « Puissante est la Règle (Maât) de Râ, l'Élu de Râ (la lumière divine). » On voit la déesse Maât assise, tenant une hampe qui se termine par une tête de canidé, et qui symbolise la puissance.

les autres personnages d'un siècle où les dieux étaient présents sur la Terre.

L'Égypte est une terre de lumière, d'eau et de couleurs, l'Égypte est la vie même. Malgré l'usure du temps et les destructions commises par les hommes, l'Égypte de Ramsès a survécu, à travers la salle hypostyle de Karnak, les deux temples d'Abou Simbel, la tombe de la grande épouse royale Néfertari et bien d'autres monuments qui, même réduits à l'état de vestiges comme le Ramesseum, témoignent de la puissance et de l'activité créatrice du Fils de la Lumière.

La dernière ligne écrite, il était si difficile de quitter

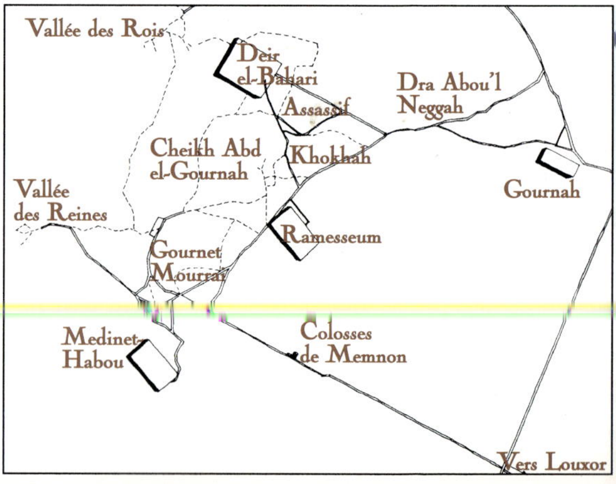

Plan de Thèbes ouest avec les principaux sites archéologiques.

Ramsès après avoir mené à son terme cette œuvre romanesque qui va faire le tour du monde à la faveur de nombreuses traductions, que seul un pèlerinage imagé pouvait prolonger la présence de ce héros de légende.

Chacun des sites que j'évoque m'a profondément marqué, chacun a sa beauté et son génie, chacun exprime un message qui ne saurait être comparé à nul autre. L'unité, certes, demeure dans la multiplicité, mais cette multiplicité incarne le foisonnement même de la vie. Et ce pèlerinage géographique et historique est aussi un voyage de l'âme, un itinéraire d'écriture et de regard nourri de respect, de communion et d'amour.

Abydos - La vraie mère de Pharaon est la déesse-vautour qui lui donne la vie « comme Râ, éternellement », et lui offre une titulature sacrée, un ensemble de noms inscrits dans des cartouches pour définir sa nature et sa fonction.

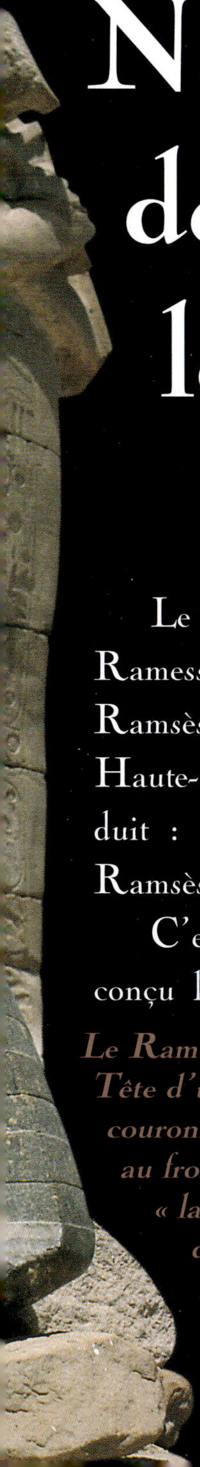

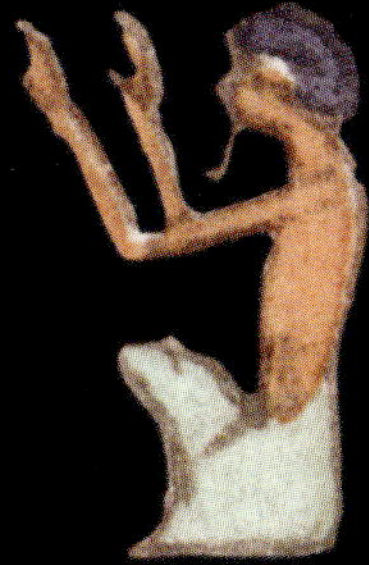

Naissance de la lumière : le Ramesseum.

Le soleil vient de se lever pour illuminer le Ramesseum, le « temple des millions d'années » de Ramsès le Grand, sur la rive ouest de Thèbes, en Haute-Égypte. Une fois encore, le miracle se produit : dans un embrasement d'or venu du ciel, Ramsès et son sanctuaire ressuscitent.

C'est ici, il y a plus de vingt ans, que j'ai conçu le projet de faire de ce pharaon le héros

Le Ramesseum
Tête d'un colosse de Ramsès II, portant les couronnes traditionnelles, la coiffe-nemes et l'uraeus au front. Ainsi le roi est-il équipé de « la grande de magie » (nom symbolique de la couronne), qui lui permet de discerner la réalité invisible et de lutter contre les ténèbres. De ce visage, grave et recueilli, se dégage une exceptionnelle impression de noblesse.

Deux représentations, l'une au Ramesseum (à gauche), l'autre à Karnak (à droite), du thème du pharaon sous l'arbre sacré, probablement le perséa de la cité sainte d'Héliopolis dont le dieu principal était Râ. Lui-même arbre de vie pour son peuple, Pharaon voit les dieux inscrire son nom sur les fruits de l'arbre et le rendre ainsi immortel.

d'une épopée romanesque, et c'est ici, non sans une profonde émotion, que j'ai écrit la dernière page de *Sous l'acacia d'Occident*. Par bonheur, la voix de Ramsès continue à se faire entendre en des lieux magiques qui forment les étapes d'un pèlerinage.

Ramsès a creusé un sillon si profond dans le temps que ce dernier s'est transformé en éternité.

Le Ramesseum a beaucoup souffert, et même le colosse de mille tonnes représentant le roi gît sur le sol, fracassé ; néanmoins, les vestiges du temple des millions d'années défient les siècles avec une vigueur intacte. Et Ramsès, trente-trois siècles après sa mort physique, demeure l'une des vedettes de l'actualité !

Dès le début de son règne, Ramsès a choisi l'emplacement de ce temple et ordonné sa construction. Cet édifice magique lui était, en effet, indispensable pour disposer d'une énergie de règne qui lui permettrait de rendre l'Égypte prospère et de la protéger contre les dangers visibles et invisibles qui la menaçaient.

Karnak
Dans plusieurs temples (Ramesseum, Karnak, Beit el-Ouali...), le pharaon a fait représenter le thème symbolique de l'allaitement du monarque, redevenu jeune, par une déesse. Portant la boucle de l'enfance, il reçoit le sein de sa mère céleste qui le nourrit avec le lait du cosmos pour lui donner vigueur et jeunesse éternelles.

En se promenant dans les ruines du

Rameseum Procession de la barque d'Amon, portée par des prêtres purs au crâne rasé. Lorsque le dieu sortait de son temple, son effigie se trouvait dans la cabine de la barque en forme de naos, mais elle demeurait voilée au regard des hommes.

Ramesseum, on perçoit aisément le formidable élan qui a conduit Ramsès sur le chemin de la royauté. N'était-il pas prédestiné, lui, le fils de la reine Touya et du dieu Amon, « le caché », le maître de Thèbes et le dieu des victoires ? Au-delà du temps, Touya met sans cesse au monde Ramsès, allaité par la déesse Séchat pour que son pouvoir soit durablement établi sur le trône de Râ et qu'il ait la durée de vie de la lumière divine[1].

Un bas-relief montre le pharaon assis sous un arbre sacré, le

1. Pour les textes de l'époque ramesside, il faut se reporter à l'énorme travail de K. A. Kitchen, *Ramesside Inscriptions*, 7 volumes, Oxford, 1969-1990. Cette édition des textes hiéroglyphiques sera suivie de 7 volumes de traductions et de 7 volumes de commentaires, en cours de publication. C'est de cette somme documentaire que s'inspirent tous les égyptologues pour reconstituer l'époque de Ramsès.

Ramesseum
Dans tout l'éclat de sa jeunesse triomphante, Ramsès porte la coiffe-nemes et l'uraeus au front : par le geste et par la voix, le pharaon a fait naître son « temple des millions d'années » où, à jamais, sera célébré le culte de son ka.

perséa : le dieu créateur, Atoum, et la souveraine de la demeure des livres, Séchat, inscrivent les noms du pharaon sur les feuilles de l'arbre. Ainsi, il entre dans les annales célestes et demeurera à jamais présent dans la mémoire des dieux et des hommes.

« Fils de la Lumière », « Élu de la Lumière », « Puissante est l'harmonie de la Lumière », tels sont les noms du souverain dont l'être est étroitement lié à Râ, la lumière divine dont il fut le représentant sur terre.

Le Ramesseum abolit le temps. *Puisses-tu passer un million d'années comme Atoum*, dit le texte d'une architrave de la deuxième cour, *ton temple est comme la contrée de lumière où se trouve le disque solaire, il est efficace pour un million d'années*. Ce « mil-

Ramesseum
Les colonnes intactes de la salle hypostyle du « temple des millions d'années » de Ramsès évoquent le dialogue ininterrompu du roi avec les dieux pour que ciel et Terre soient en joie.

lion d'années » représente une durée inaccessible pour l'entendement humain, il n'est plus une quantité mais un autre univers où, désormais, se meut l'âme de Ramsès tout en demeurant présente à travers les pierres d'éternité de son temple.

Les dieux du ciel reconnaissent Ramsès comme leur frère et constatent qu'il se manifeste comme la Lune, divinité guerrière, lui, le fils du Soleil, qu'il renouvelle sa jeunesse sur terre et qu'il voyagera comme l'étoile

Le Ramesseum
Près des piliers représentant le pharaon en Osiris gît le plus grand colosse jamais édifié en Égypte. Pesant plus de mille tonnes, surnommé « le soleil des princes », il incarnait le ka de Ramsès, son inépuisable puissance de création.

Rameseum
Le babouin, l'une des incarnations du dieu Thot, veillait sur la bibliothèque et les bureaux du Ramesseum, où travaillaient de nombreux scribes. On découvrit d'ailleurs sur le site plusieurs papyrus qui éclairent l'histoire économique et administrative de l'époque ramesside.

Orion dans le ciel. Et chaque pas, sur le territoire sacré du Ramesseum, nous projette dans le ciel où Ramsès a rejoint ses ancêtres, eux-mêmes devenus « étoiles impérissables ».

En contemplant les piliers montrant le roi sous la forme d'Osiris, on comprend que la perspective du règne de Ramsès, comme celle des autres pharaons, ne s'est pas limitée à l'Histoire. Fils des dieux et des déesses, le roi d'Égypte sait qu'un bon gouvernement ne peut reposer sur la seule gestion matérielle des biens, si remarquable soit-elle ; il lui appartient de faire ressentir à son peuple le lien puissant qui l'unit à l'au-delà, à cet ensemble de forces

Les vestiges du Ramesseum, le « temple des millions d'années » de Ramsès, sur la rive occidentale de Thèbes. Bien qu'il ne subsiste qu'une faible partie du monument original, il s'en dégage encore une extraordinaire impression de puissance. C'est ici que Pharaon accumulait sa magie de règne pour faire face aux épreuves.

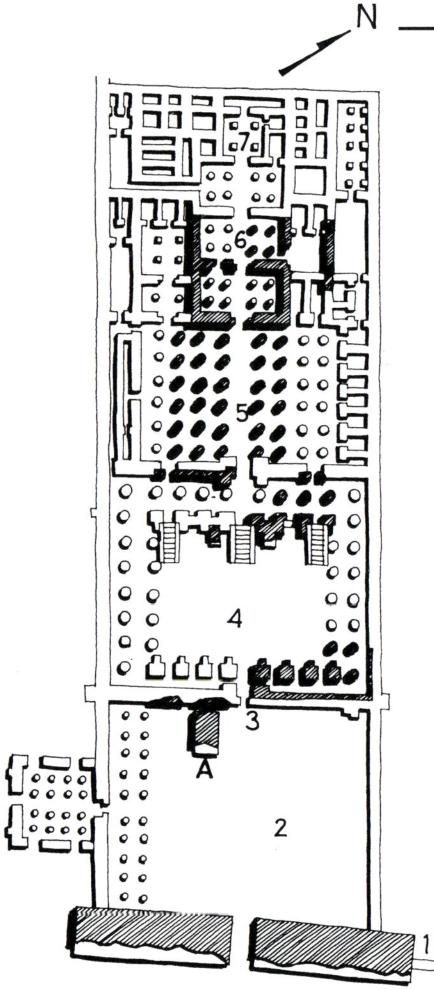

Le Ramesseum

1 - Pylône d'entrée
2 - Première cour
3 - Second pylône
4 - Seconde cour
5 - Salle à colonnes
6 - Trois salles à colonnes en enfilade
7 - Saint des Saints

mystérieuses qui créent la vie à chaque instant. Au pharaon de tracer le chemin, en conformité avec Maât, l'harmonie éternelle de la création. À l'intérieur de l'enceinte du Ramesseum, à proximité du temple, se trouvaient les demeures des ritualistes et des scribes, une

bibliothèque, des bureaux, des laboratoires, des entrepôts pour les jarres d'huile de sésame, d'olive ou de moringa, pour les jarres de grands vins millésimés, pour les onguents, bref, les composantes indispensables de la vie économique, indissociable, selon le point de vue égyptien, des activités sacrées.

Ici, depuis la représentation des rites sur les parois du temple jusqu'aux étiquettes de jarres et à l'écho des pinceaux de scribe courant sur le papyrus, le monde de Ramsès est tout entier présent et, au-delà

Ramesseum
À côté du temple proprement dit se trouvaient des bâtiments en brique voûtés, servant d'entrepôts pour les objets rituels, mais aussi pour les céréales, les jarres d'huile et de vin, ou encore le matériel des scribes. La dimension sacrée et l'aspect économique étaient ainsi étroitement liés.

des ruines, la pensée s'élève sans peine vers ce XIIIe siècle avant J.-C. qui vit régner l'un des géants de l'aventure humaine.

Et la voix des conteurs égyptiens s'élève, de ces merveilleux conteurs qui savaient si bien nous faire entrer dans un univers où les dieux étaient présents, où leur langage était compréhensible, où le roi avait

Les visages des colosses représentant Ramsès en Osiris ont disparu, mais le symbole demeure : les bras croisés sur la poitrine et tenant les sceptres du souverain de l'au-delà, le corps pris dans une sorte de linceul, le pharaon est devenu le maître de la résurrection et vit à présent d'une vie inaltérable.

pour première tâche de faire régner la justice en veillant à ce que le petit ne fût pas opprimé par le grand, où les animaux avaient tant à apprendre aux humains qui savaient les écouter... Et j'ai éprouvé le désir intense de conter, à mon tour, l'aventure d'un pharaon qui a transformé le rêve en réalité lumineuse.

La grande ombre de Séthi Ier

Non loin du Ramesseum, à Gournah, un autre « temple des millions d'années », celui de Séthi Ier, le père de Ramsès le Grand, souverain exigeant et austère qui forma son fils à la pratique du pouvoir. C'est dans l'une des chapelles de ce temple à l'atmosphère recueillie et secrète que Séthi annonça à Ramsès qu'il l'associait à son trône comme régent et que, désormais, son existence serait vouée à servir l'Égypte, le pays aimé des dieux. Et c'est ici, à

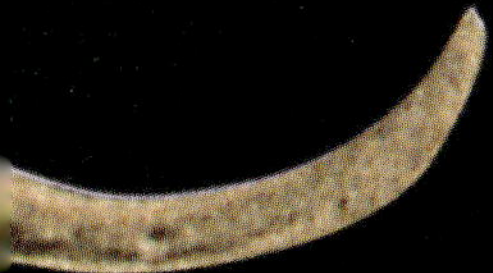

Gournah, temple de Séthi Ier
Toute couronne est assimilée à l'œil d'Horus qui permet au roi de voir dans tous les univers. La couronne, ici représentée, est liée à Osiris et à la résurrection du roi ; elle comporte un soleil et des cornes de bélier qui traduisent le dynamisme de la vie ressuscitée.

Karnak, salle hypostyle Pharaon sacrifie rituellement un animal porteur de la puissance dangereuse de Seth pour prouver à la triade thébaine, composée d'Amon, le père, de Mout, la mère, et de Khonsou, le fils, qu'il est capable de repousser le chaos et de faire régner l'harmonie en intégrant Seth dans l'art de gouverner.

Gournah, que le puissant et respecté Séthi révéla aux principaux dignitaires de la cour le nom de celui qu'il avait choisi comme successeur.

Que Ramsès soit reconnu comme roi, proclame une inscription du temple préservant les paroles de Séthi, *afin que je puisse*

voir son accomplissement de mon vivant. Et les ritualistes placèrent le diadème et l'uraeus sur la tête de Ramsès qui, comme je le narre dans *Le Fils de la Lumière,* fut associé au trône selon la tradition.

Séthi avait lui-même fait vivre le nom de son prédéces-

seur Ramsès Ier, en agissant selon ce qu'il désirait. Il avait reçu son enseignement et il était « dans la main du roi comme une étoile », avec la ferme intention de maintenir la royauté telle que l'avaient établie les dieux.

Séthi avait agi comme ses ancêtres avaient agi, et Ramsès agira à son tour de la même manière, car un pharaon devait se préoccuper de sa succession pour que le fil de la tradition ne fût pas rompu.

Le « temple des millions d'années » de Séthi Ier, à Gournah, sur la rive occidentale de Thèbes, non loin du Ramesseum. Derrière le temple, on aperçoit la Cime d'Occident, la montagne thébaine où règne la déesse du silence.

Le « temple des millions d'années » de Séthi Ier est un lieu paisible, à l'écart des circuits touristiques habituels. On y médite volontiers devant les scènes représentant Séthi qui dialogue avec les dieux et leur fait offrande. Autant le Ramesseum est l'expression d'une puissance, autant le sanctuaire de Gournah est celui de la sérénité. Qui veut connaître l'âme du père de Ramsès, de cet immense Séthi qui fut un exceptionnel bâtisseur et un chef d'État aussi rigoureux que remarquable, doit laisser aller ses pas en ce temple.

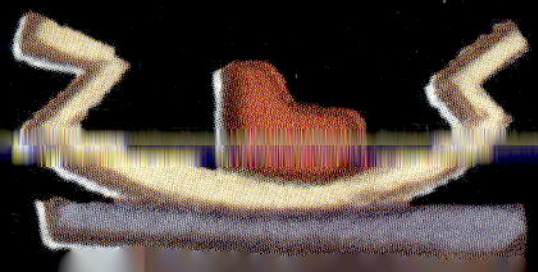

La grande ombre de Séthi ne fut pas étouffante, mais protectrice et formatrice ; sans complaisance pour les faiblesses de son fils, Séthi sut le préparer à remplir la fonction

L'extraordinaire cartouche de Séthi Ier qui était aimé des dieux Amon et Ptah, mais aussi du dieu Seth, que l'on voit figuré au centre de l'inscription sous la forme d'un homme assis à tête de canidé aux longues oreilles. Seth est l'énergie incontrôlable du cosmos, qui peut se traduire par l'orage et le tonnerre ; perturbateur, il est aussi la force qui protège le roi contre les menaces de destruction. Et c'est à Seth que Ramsès fera appel pour modifier le temps lors du voyage de la princesse hittite, future reine d'Égypte.

suprême : celle de Pharaon. Et lorsque la transmission fut correctement effectuée, l'âme de Séthi trouva le repos dans ce temple aux reliefs d'une paisible perfection.

Gournah, temple de Séthi Ier Ramsès offre à la déesse Mout, « la Mère, maîtresse du ciel », deux vases contenant du lait. Il restitue ainsi à sa mère divine, qui l'a allaité, le liquide surnaturel qui lui a permis de croître et de remplir sa fonction. Tout contact avec les dieux repose sur un processus d'échange et de réciprocité.

Demeures d'éternité de la Vallée des Rois

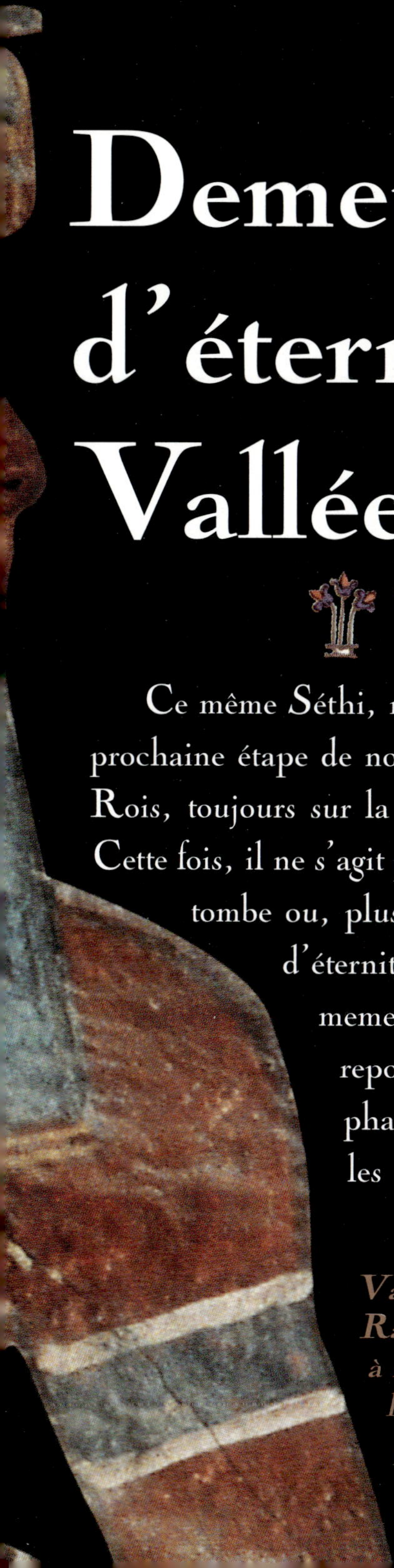

Ce même *S*éthi, nous le rencontrons lors de la prochaine étape de notre pèlerinage, la Vallée des Rois, toujours sur la rive occidentale de Thèbes. Cette fois, il ne s'agit plus d'un temple, mais d'une tombe ou, plus exactement, d'une demeure d'éternité. Tombe et temple sont intimement liés : dans la première repose le corps de lumière du pharaon, sans cesse animé par les scènes rituelles ; dans le

Vallée des Rois, tombe de Ramsès Ier
Ramsès Ier était un vieux vizir qui fut appelé à régner pour devenir le fondateur de la lignée des Ramsès. À jamais vivant, le roi porte une coiffe et un pagne d'or.

second, des prêtres rendent un culte quotidien à l'âme royale et, en leur absence, ce sont les hiéroglyphes qui s'animent d'eux-mêmes et les remplacent.

À chaque séjour dans l'univers minéral de la Vallée des Rois, où il n'existe pas d'autre forme de vie que l'éternité des pharaons, on a le sentiment de s'aventurer dans un monde mystérieux, entièrement consacré à la vision de l'au-delà. Les tombes de Ramsès Ier, le fondateur de la XIXe dynastie, et de Séthi Ier, son successeur, sont

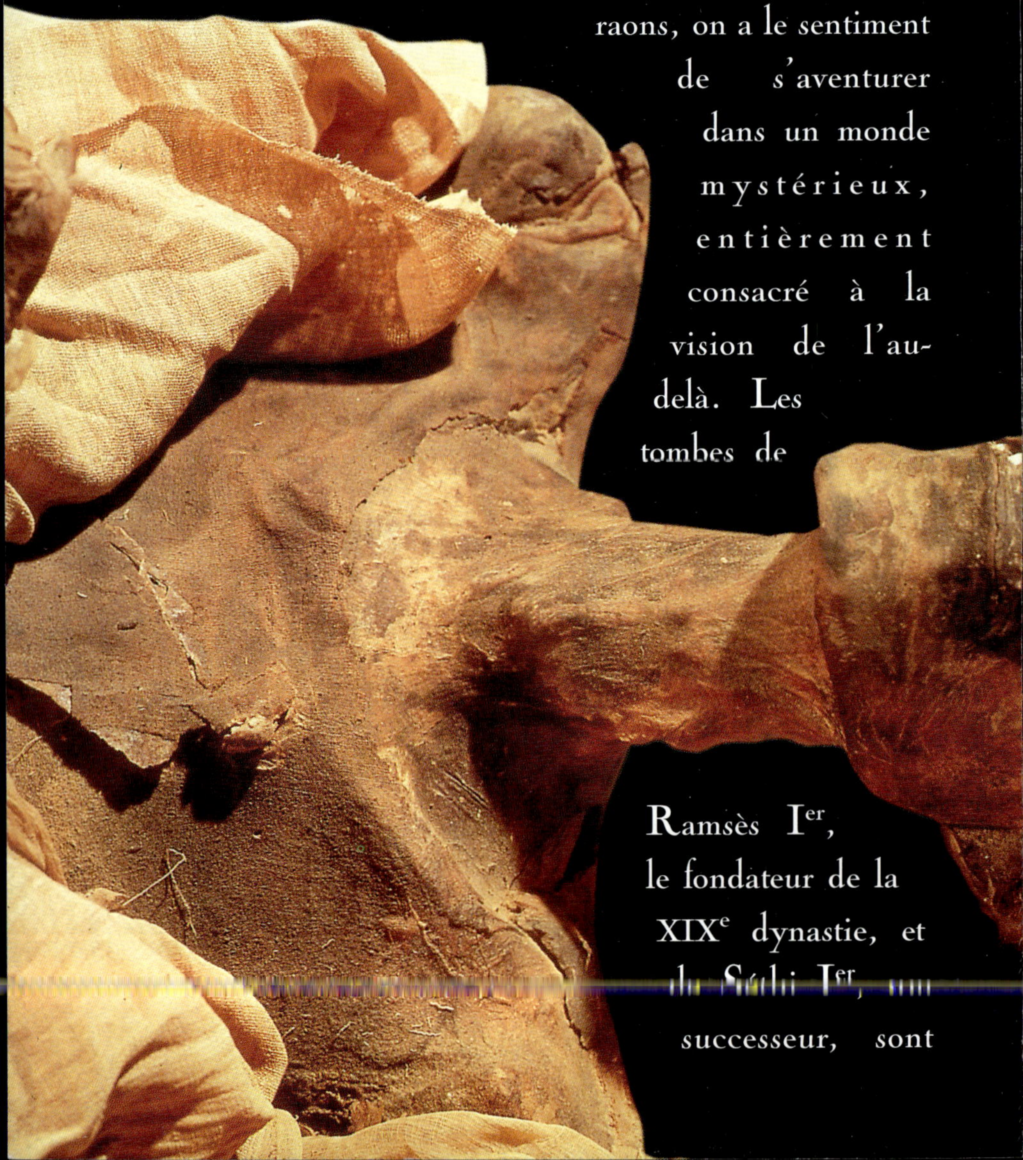

Vallée des Rois, tombe de Séthi Ier
Constellations du ciel égyptien (le Lion, la Vierge, le Crocodile…) sur fond bleu : c'est dans le paradis des étoiles que vit éternellement l'âme royale, après avoir été reconnue comme « juste de voix ». Ainsi le pharaon devient-il lui-même « étoile impérissable » pour éclairer le chemin des hommes qui savent déchiffrer le message du cosmos.

dans un état de conservation remarquable ; il n'en est pas de même de la tombe de Ramsès II qui, à l'heure où j'écris ces lignes, est (enfin !) l'objet d'une fouille que l'on espère complète et qui permettra, souhaitons-le, à tout un chacun de visiter la dernière demeure du Fils de la Lumière.

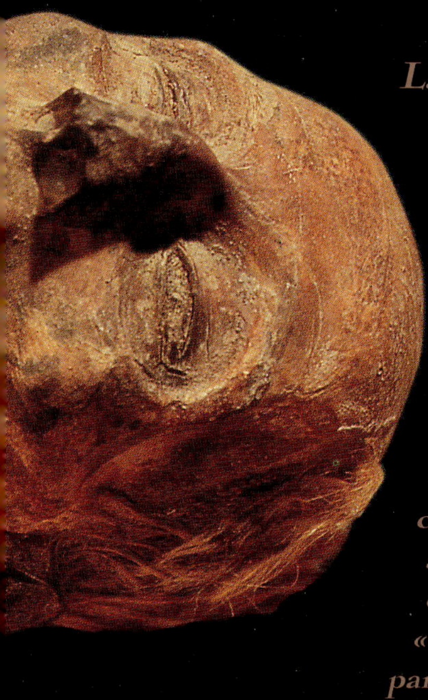

La momie de Ramsès II au musée du Caire
Ramsès le Grand s'éteignit au terme de soixante-sept années de règne. Sa momie, déplacée à cause des vagues de pillages dans la Vallée des Rois à la fin de la XXe dynastie, fut retrouvée dans la cachette de Deir el-Bahari, en compagnie d'autres monarques illustres. Que d'émotion en contemplant le visage de ce grand vieillard, à la fois serein et autoritaire, qui marqua de son empreinte le XIIIe siècle avant J.-C. ! « Pharaon n'est pas parti mort, il est parti vivant », et cette momie est un élément de la légende vivante qui nous « élargit le cœur », selon l'expression égyptienne.

La Vallée des Rois, dominée par la Cime d'Occident qui veille sur le repos des pharaons du Nouvel Empire et sur leur résurrection quotidienne, lorsque leur âme s'incorpore au Soleil. Ici, dans le mystère des demeures d'éternité, la mort est vaincue chaque nuit.

Beauté des peintures et des bas-reliefs, textes relatant les épisodes du voyage de l'âme royale dans l'au-delà, illustration des combats contre les forces des ténèbres, révélation de l'alchimie qui transforme la mort en vie : tels sont quelques-uns des enseignements offerts par les tombes de la Vallée, aux richesses inépuisables.

C'est ici qu'avait été déposée la momie de Ramsès le Grand, aujourd'hui conservée au musée

du Caire. Elle nous restitue les traits d'un vieillard, âgé d'environ quatre-vingt-dix ans, dont l'autorité naturelle est intacte. Ramsès est digne de Séthi dont le visage est tout aussi impressionnant, comme si ces deux pharaons avaient vaincu la mort et continuaient, par leur présence, à nous rappeler que ce combat est l'essentiel et qu'il doit être livré avec les armes de la connaissance, comme le soulignent de manière insistante les textes égyptiens.

Vallée des Rois, tombe de Séthi Ier
Ce personnage, au sourire paisible, est « l'Éveillé ». Passeur de l'au-delà, il connaît les formules qui permettent de passer les portes de l'autre monde et d'éviter ses dangers. Accueillant l'âme royale dans les paradis, il lui en révèle les secrets.

Et la Vallée des Rois n'a pas fini de nous surprendre ! En dépit de son nom, elle abrite aussi des personnages non royaux qui eurent l'insigne honneur d'être inhumés à proximité des monarques qu'ils avaient fidèlement servis.

Vallée des Rois, tombe n° 5
L'entrée de cette tombe était connue depuis longtemps, mais il fallut une exploration récente pour s'apercevoir qu'elle était immense et destinée à préserver la mémoire des [illegible] fils [illegible] de Ramsès, fidèles serviteurs de l'Égypte et de Pharaon. Peut-être les fouilles en cours nous apprendront-elles du nouveau sur le règne de Ramsès.

Vallée des Rois, tombe de Séthi Ier
La statue de Séthi Ier, représenté debout, a été posée sur un socle et porte le nom de « Dieu accompli ». Elle est considérée comme un être vivant, dont les yeux, les oreilles et la bouche ont été ouverts. Derrière elle, un ritualiste, « le fils qui l'aime », dont le rôle fut joué par Ramsès ; devant elle, le porteur du rite, qui récite les formules de résurrection.

Récemment, des fouilles américaines, menées dans la tombe n° 5 de la Vallée, dont l'entrée était connue depuis longtemps, ont permis de constater qu'il s'agissait d'une sépulture géante, la plus vaste découverte à ce jour en Égypte, et réservée aux « fils royaux » de Ramsès le Grand. Ce titre, qui n'implique pas que ces grands dignitaires étaient les fils charnels du roi, était attribué à des hommes de confiance qui recevaient une charge officielle dont ils étaient responsables devant le roi.

À travers ces « fils royaux », Ramsès a fait de nouveau irruption sur le devant de la scène, et l'on attend la suite des fouilles avec impatience.

Vallée des Rois, tombe de Séthi Ier
Sur cette paroi où, volontairement, le travail du dessinateur est resté apparent, l'âme royale monte au ciel sur les replis d'un gigantesque serpent qui, loin d'être un monstre dangereux, symbolise la pulsation de la vie stellaire.

La Vallée des Reines : splendeur de Néfertari

Une « vallée » pour les rois, une « vallée » pour les reines, désertiques l'une comme l'autre, mais néanmoins considérées comme des endroits paradisiaques, car lieux de passage verdoyants et enchanteurs vers l'au-delà si le regard sait dépasser l'apparence. Et c'est dans la Vallée des Reines que furent inhumées deux femmes qui jouèrent

Musée du Louvre
Cette statue de la dame Toui est-elle une représentation de la reine Touya, épouse de Séthi Ier et mère de Ramsès II ? Quoi qu'il en soit, le style de cette statuaire évoque la noblesse des grandes dames du Nouvel Empire, qui jouèrent un rôle actif dans la conduite des affaires de l'État.

Louxor
La reine protectrice du roi : coiffée de la couronne surmontée de deux hautes plumes, elle donne sa pleine efficacité au colosse royal.

un rôle essentiel dans la vie de Ramsès, sa mère, Touya, et sa première grande épouse royale, Néfertari.

Le pharaon éprouvait affection, respect et admiration pour sa mère, au point de la considérer comme l'incarnation de la déesse mère Mout, l'épouse du dieu Amon ; après la mort de Séthi, elle aida son fils à conforter son pouvoir, avec discrétion et efficacité.

Comme la plupart des tombes de la Vallée des Reines, celle de Touya a été saccagée ; c'est une statue conservée au musée du Vatican qui immortalise la mère de Ramsès. Debout, tenant un sceptre floral dans la main gauche, coiffée d'une lourde perruque, Touya est la noblesse même. La beauté hiératique de son visage exprime volonté et rigueur, qualités qu'elle légua à Ramsès.

Vallée des Reines, tombe de Néfertari
Néfertari offre les étoffes. La reine était la patronne du tissage, lui-même placé sous la protection de la déesse Neith, créatrice du monde qu'elle tisse par le Verbe. La coiffe de la reine est en forme de vautour, qui symbolise son rôle de mère donnant vie et prospérité au pays entier.

Touya appartient à cette catégorie d'êtres qui ne font jamais défaut lorsqu'un obstacle se présente sur le chemin ; ils parviennent à oublier leur propre souffrance – et pouvait-on en éprouver une plus grande que la mort d'un mari comme Séthi ? – pour se consacrer à autrui. Surmontant sa peine, Touya aida son fils à ne pas commettre d'erreur grave, alors que le feu de la jeunesse pouvait l'entraîner dans des aventures périlleuses. Mère attentive, reine

Vallée des Reines,
tombe de Néfertari
Le dieu Khépri, à tête de scarabée, est le principe des métamorphoses et des mutations incessantes de l'âme dans l'au-delà. Le texte précise que Néfertari reçoit l'éternité lumineuse, qu'elle apparaît au ciel comme le Soleil divin et qu'elle obtient sa place dans la terre sacrée.

consciente de ses devoirs, elle illustre à merveille la lignée de ces femmes de pouvoir et d'influence capables de s'oublier elles-mêmes pour mieux servir leur pays.

Le destin fut favorable à Néfertari, puisque sa tombe de la Vallée des Reines nous est parvenue quasiment intacte. Il s'agit là d'un véritable miracle. La belle et sage Néfertari a su attirer la protection des dieux et des déesses, et la visite de sa vaste demeure d'éternité est un éblouissement, un moment de grâce inoubliable. Ici, le terme de « perfection » prend un sens ; la première grande épouse royale de Ramsès, cette femme sublime qui fut la lumière de son règne, vit à jamais dans un chatoiement de couleurs.

Riche d'amour, douce d'amour, belle de visage,
qui agit de manière bénéfique pour tous les êtres,
dont chacune des paroles est agréable à entendre,

Karnak
La reine Ahmès-Néfertari, qui fut l'une des grandes dames du Nouvel Empire et un modèle pour celles qui lui succédèrent, porte dans son nom celui de Néfertari « la Belle par excellence ». Sa couronne se compose d'une rangée de serpents uraeus, et d'un soleil (le feu) et de deux hautes plumes (l'air). Elle règne en maniant le sceptre flexible qu'elle tient dans la main droite et donne la vie qu'elle tient dans la main gauche, vie évoquée par la célèbre croix ansée et aussi par le lotus d'où naît, chaque matin, le Soleil ressuscité.

celle dont la voix fait vivre, aux belles mains quand elle manie le sistre... C'est en ces termes que les textes évoquent la grande épouse royale Néfertari.

Chaque scène de sa tombe, chef-d'œuvre majeur de l'art égyptien, mériterait d'être détaillée : plusieurs divinités conduisent la reine, vêtue d'une longue robe blanche et coiffée d'une couronne à deux hautes plumes d'or, vers le royaume des justes. Khépri, le dieu à tête de scarabée, lui assure d'incessantes métamorphoses dans l'au-delà. Néfertari gagne sa partie d'échecs

Vallée des Reines, tombe de Néfertari
Néfertari fait l'offrande du vin à la déesse Hathor. Les textes égyptiens évoquent « l'ivresse mystique » attachée à cette offrande ; c'est Hathor, déesse des étoiles, de l'amour céleste et de la joie, qui fait du vin une boisson lumineuse, lien entre ciel et terre.

contre l'invisible, elle reçoit la palette et le pinceau du scribe qui prouvent sa capacité à lire et à écrire les formules de connaissance, elle devient étoile unique et impérissable, progresse en compagnie de sa mère céleste sur un chemin de lumière et tient dans sa main la « clé de vie » qui lui permet d'ouvrir la porte de tous les univers.

Osiris dit à Néfertari : *Je suis venu vers toi, ma chère fille, Dame des Deux Terres, grande épouse royale, Néfertari aimée de Mout, puisse-t-elle vivre ! Je t'accorde une place à la tête de la terre du silence, et tu apparais au ciel comme le père, Rê. Tu assumes ta place dans la terre*

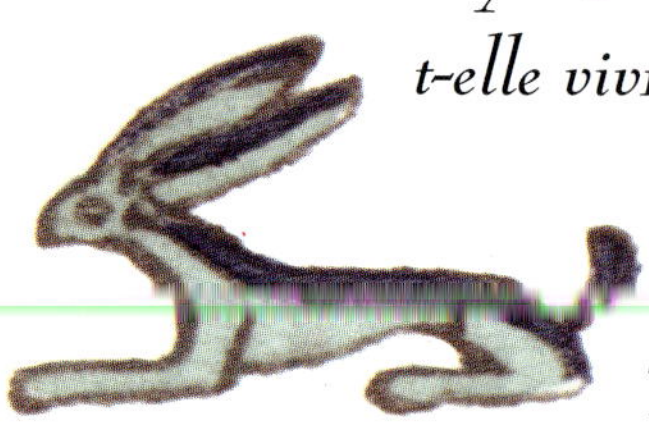

sacrée, ton cœur se réjouit dans la place de vérité.

Néfertari, le grand amour de Ramsès, fut une authentique reine d'Égypte qui sut tenir le gouvernail en l'absence du roi, parti combattre contre les Hittites ou d'autres fauteurs de troubles. Aux côtés du pharaon, elle fut associée aux actes majeurs du règne, notamment à la difficile mise en œuvre de la paix au Proche-Orient.

Vallée des Reines, tombe de Néfertari
Le sceptre « Maîtrise » (sekhem) en main, Néfertari joue au jeu de senet (ancêtre des dames et des échecs) avec l'invisible. Lors de cette partie, c'est la survie de l'âme qui est en jeu ; si le comportement de la reine est en harmonie avec la justesse de Maât, elle gagnera.

Dans la tombe de Néfertari, il n'est pas question d'Histoire, mais uniquement d'éternité. Oubliées les épreuves et les vicissitudes ; seule demeure la présence rayonnante d'une femme sereine, au regard lumineux, sans laquelle Ramsès n'aurait pas été un monarque d'exception.

Karnak, le Ciel *sur* la Terre

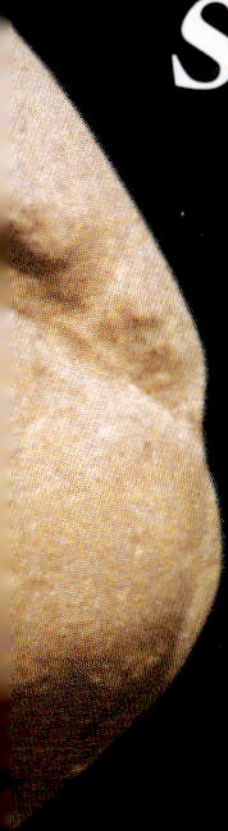

Passer de la rive ouest de Thèbes à la rive est, des temples des millions d'années et des demeures d'éternité à la cité du dieu Amon, capitale du Nouvel Empire, nécessite un bac qui, tout au long de la journée, ne cesse d'effectuer une traversée dont la durée varie en fonction de la hauteur du Nil.

*S*ur la rive est, Karnak et Louxor, deux temples reliés l'un à l'autre par une allée bordée de sphinx, et marqués par la présence de Ramsès. Ils étaient les deux sanctuaires majeurs de la « Thèbes aux cent portes », célébrée par Homère, le génial narrateur de la guerre de Troie qui a peut-être pris fin à l'époque de Ramsès. Et Homère précise, dans

Qu'Amon protège le roi ! La tête monumentale du bélier veille sur le monarque et lui donne sa force.

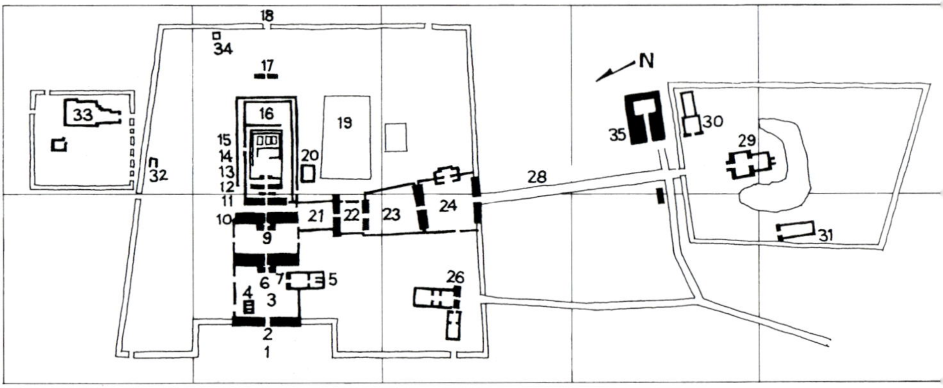

1 - Allée de sphinx
2 - Premier pylône
3 - Grande cour
4 - Temple de Séthi II
5 - Temple de Ramsès III
6 - Colonnade de Taharqa
7 - Portail des Bubastites
8 - Second pylône
9 - Salle hypostyle
10 - Troisième pylône
11 - Quatrième pylône
12 - Cinquième pylône
13 - Sixième pylône
14 - Sanctuaire des barques sacrées
15 - Cour du Moyen Empire
16 - La salle des fêtes
17 - Temple de l'est
18 - Porte de l'est
19 - Lac sacré
20 - Temple de Taharqa-du-lac
21 - Cour de la cachette
22 - Septième pylône
23 - Huitième pylône
24 - Neuvième pylône
25 - Dixième pylône
26 - Temple de Khonsou
27 - Temple d'Opet
28 - Allée de sphinx
29 - Temple de Mout et son lac sacré
30 - Temple d'Amenhotep
31 - Temple de Ramsès III
32 - Temple de Ptah
33 - Temple de Montou, dans son enceinte, avec son lac sacré.
34 - Chapelle d'Osiris, maître de l'éternité
35 - Sanctuaire d'Amon « taureau de sa mère »

l'*Odyssée* (III, 300 ; IV, 83), que les vainqueurs firent halte en Égypte sur la route du retour.

Thèbes, que les Égyptiens appelaient souvent « la ville », tant son prestige était grand, s'incarnait dans une belle déesse armée d'un arc et de flèches. Thèbes la combattante ne donnait-elle pas aux pharaons la capacité de vaincre les ennemis visibles et invisibles ? Bâtie à l'origine des temps sur une butte émergée de l'océan primordial,

« L'horizon lumineux de Thèbes » : la montagne thébaine, dans la splendeur du Levant, peu après la victoire du Soleil sur les ténèbres. Le Soleil, père et protecteur de Ramsès ; le Soleil, qui affronte la mort à l'Occident et renaît à l'Orient, comme l'âme royale.

Thèbes était aussi « l'œil de Râ », cet œil immense, à la mesure du ciel, regard vivant de l'univers.

Karnak, ou « le Ciel sur la Terre » : Ramsès y poursuivit l'œuvre commencée par son père Séthi pour achever une salle profonde de cinquante-trois mètres, large de cent deux et comprenant cent trente-quatre colonnes. Sur le chapiteau des douze plus grandes, hautes de vingt-trois mètres et bordant l'allée centrale, pourraient se tenir une cinquantaine de personnes !

Cette salle portait un nom magnifique : « Pharaon est un être de lumière dans le temple ». C'est là, d'après les textes que se reposait le maître des dieux, et c'est lui qui affirme : *J'ai choisi mon fils Ramsès devant des millions*. Sur les murs extérieurs sont illustrées les victoires de Séthi et de Ramsès ; sur les murs intérieurs, on voit Pharaon

Gournah, temple de Séthi Ier
Derrière le roi, qui touche la statue divine, se tient une femme qui symbolise Thèbes, « la Puissante ». Elle porte sur la tête son nom, sous la forme du sceptre ouas, « puissance », et du nome, « la province », sur laquelle elle règne. Dans la main droite, elle tient l'arc et les flèches de la victoire.

Vues du haut du premier pylône, la première grande cour de Karnak (avec la colonne du pharaon Taharqa) et l'entrée de l'immense salle à colonnes érigée par Séthi Ier et Ramsès II.

Cité divine protégée par de hauts murs, tertre sacré sur lequel se dressent des obélisques qui percent le ciel, demeure de la puissance créatrice : tel se présente Karnak, le temple des temples.

Colonnes, chapiteaux et fenêtres de pierre de la grande salle à colonnes de Karnak. Ici parlent les dieux, ici sont révélés les rites de couronnement du pharaon et les rituels des fêtes.

faire offrande aux divinités, diriger les rituels des fêtes et de la fondation du temple. D'après une stèle conservée au musée du Caire, n'est-ce pas Ramsès qui a découvert dans la carrière du Gebel el-Ahmar, la « montagne rouge », un bloc de quartzite tel que personne n'en avait vu depuis le temps de Râ ?

Karnak - Ramsès et la déesse Séchat enfoncent des piquets dans le sol pour délimiter l'espace sacré sur lequel sera édifié le temple. La déesse dit au pharaon : « Je te donne d'innombrables fêtes de régénération. »

L'une des scènes de cette salle hypostyle de Karnak évoque l'éternel couronnement de Ramsès : deux déesses, incarnant les couronnes, offrent au pha-

Karnak - Vue du haut du premier pylône, l'allée des béliers, l'une des formes animales dans lesquelles s'incarne le maître du temple, le dieu Amon. Les béliers symbolisaient le dynamisme du premier matin, et ils sont aussi les gardiens qui ne laissent passer que « les prêtres purs », reconnus aptes à pénétrer dans le temple.

raon leur magie, tandis que les dieux Horus et Thot s'élancent vers le roi pour confirmer sa souveraineté, magnétiser sa double couronne, formée de la couronne rouge de Basse-Égypte et de la couronne blanche de Haute-Égypte, et lui donner sa pleine efficacité. Car les couronnes de Pharaon sont des êtres vivants, comparés à des yeux qui scrutent la totalité du réel, inaccessible au regard humain. La scène est d'une intensité surprenante, comme si les personnages demeuraient en mouvement grâce au geste aérien du sculpteur.

La salle hypostyle de Karnak était éclairée par des fenêtres de pierre à claustra qui filtraient la lumière pour éclairer telle ou telle scène, en fonction du jour et de l'heure. Entre les fenêtres, des scènes rituelles comme celle-ci, où l'on voit Amon, roi des dieux et maître du temple, donner la vie au pharaon pour qu'il fasse vivre son peuple.

La salle hypostyle est un lieu de fêtes. Lors de la fête de la déesse Opet, par exemple, les dieux donnaient à Ramsès le temps de vie de Râ et les années d'Atoum, le créateur ; lors de la « belle fête de la Vallée », Thot rendait la durée de vie de Ramsès semblable à celle du ciel, et il était proclamé : *Aussi longtemps que la lumière divine existera, tu existeras.*

Karnak, salle hypostyle - Ramsès couronné : les déesses Ouadjet et Nekhbet soutiennent les bras du roi, Thot lui apporte la couronne rouge de Basse-Égypte, Horus la couronne blanche de Haute-Égypte, et les dieux touchent la double couronne, dont le nom égyptien est « Les deux puissantes » (pa-sekhemty, d'où le terme « pschent »). Serein, Ramsès tient deux sceptres qui manifestent son aptitude à gouverner.

En parcourant les allées de cette immense salle à colonnes, il est toujours possible de percevoir la présence d'Amon, « l'unique qui crée tout ce qui est, l'unique aux bras nombreux, celui qui rend

La forêt de colonnes de la salle hypostyle de Karnak où, éternellement, le roi fait offrande aux divinités pour qu'elles continuent à faire vivre le temple et à résider sur terre.

stables toutes choses ». C'est auprès de lui que Ramsès a puisé sa force, c'est Amon qui a guidé son action, dans la paix comme dans le combat.

Un sol d'argent, des stèles en lapis-lazuli, des portails dorés, des pylônes « touchant le ciel et semblables aux étais qui le soutiennent », tel se présentait le Karnak de Ramsès. C'est ici que vécurent les grands prêtres Nébou-nenef et Bak-en-Khonsou, deux personnages de l'épopée ramesside et deux fidèles serviteurs du roi. L'un comme l'autre reçurent les anneaux d'or et la canne d'or fin qui faisaient d'eux, par décision du pharaon, les responsables de l'imposant ensemble économique de Karnak.

Les gigantesques chapiteaux de la salle hypostyle de Karnak, fleurs épanouies dans le ciel. Jaillissant du marais primordial où la vie prit naissance, les tiges végétales affirment son épanouissement.

Karnak, salle hypostyle
Alors que Ramsès s'agenouille devant Amon, le dieu caché assis dans son naos, ce dernier et une déesse à tête de lionne, « la grande magicienne », magnétisent les cornes de bélier de la couronne royale qui est elle-même porteuse de magie créatrice.

Les inscriptions indiquent qu'ils furent des hommes justes, silencieux et utiles ; c'est pourquoi on offrit, après leur mort, des fleurs à leur statue déposée dans le temple. *Grand est le grand dont les grands sont grands,* affirme une maxime égyptienne ; c'est parce que Ramsès sut s'entourer d'êtres exceptionnels que son règne fut lui-même exceptionnel.

Chaque aube nouvelle, disait Bak-en-Khonsou, *m'apporte davantage de bonheur* ; et

Karnak, salle hypostyle (double page précédente)
Les ennemis qui ont échappé à la colère du pharaon sont réduits à l'état de prisonniers. Les uns ont les bras liés, les autres les poignets entravés par des menottes en bois. Désormais soumis à l'autorité du roi d'Égypte, ils seront condamnés à des travaux d'utilité publique.

pour qui a eu la chance de séjourner à Karnak, les paroles du grand prêtre prennent toute leur saveur. Et c'est à Karnak également que l'on trouve l'écho, bien brouillé, il est vrai, d'un énigmatique prétendant au trône dont l'image, d'abord gravée, fut

ensuite effacée[1] ; ce détail laisse supposer que l'adversaire de Ramsès s'était rendu coupable d'une faute grave. Et ce personnage « en creux » m'a inspiré la figure de Chénar, le mauvais frère, rusé, ambitieux et pervers, affligé d'un défaut mortel selon les anciens Égyptiens : l'avidité.

1. Voir K. A. Kitchen, *Ramesside Inscriptions*, I, 282 c ; R. Stadelmann, *Lexikon der Ägyptologie*, V, 912 et note 10 ; J. W. Murnane, *The Road to Kadesh. A historical interpretation of the battle of king Sety I at Karnak*, SAOC 42, 1990, p. 107-114 ; C. Vandersleyen, *L'Égypte et la Vallée du Nil*, 2, Paris, 1995, p. 498 note 3 et p. 512.

Karnak La porte d'Orient et le temple de l'Est, construit par Ramsès II. Par cet édifice, aujourd'hui en ruine, le pharaon célébrait le Soleil dont il était le fils.

Le temple d'Amon, dieu qui donna à Ramsès la capacité de vaincre ses ennemis, est aussi celui qui célèbre la paix. Sur la face sud de l'aile est du neuvième pylône fut gravé le texte du traité de paix conclu avec les Hittites, texte également inscrit

Karnak
Mains liées derrière le dos, leur nom inscrit dans une enceinte crénelée, les ennemis vaincus ne peuvent plus troubler l'harmonie de Maât et briser la paix.

à Héliopolis, à Abou Simbel et dans d'autres sanctuaires de Nubie. Le document fut retrouvé en 1906 à Bogaz-Khöy, en Turquie, sur l'ancien territoire hittite. Un millier de divinités égyptiennes et hittites avaient été témoins de ce grand événement : la paix au Proche-Orient. L'empereur du Hatti et son épouse Poutouhépa d'un côté, Ramsès et Néfertari de l'autre, firent preuve d'intelligence et de persévérance pour envisager la fin des hostilités et créer les conditions nécessaires à la paix. Et le traité fut respecté par les deux États.

Karnak, salle hypostyle - Pharaon agenouillé sur le symbole majeur de sa fonction : l'union de Deux Terres, évoquée par l'union des plantes de Haute et de Basse-Égypte, liées par les dieux. Le pharaon est le troisième terme qui doit concilier contraires et opposés.

À deux emplacements, sur le site de Karnak[1], est évoqué le

1. Aile orientale du 9e pylône et temple de Mout.

mariage de Ramsès avec une princesse hittite, en l'an 34 du règne du pharaon. Le mariage diplomatique fut fréquemment utilisé au Nouvel Empire pour renforcer les liens d'amitié entre deux pays.

Karnak transmit à Ramsès sa puissance, Ramsès sut magnifier Karnak en érigeant des chefs-d'œuvre architecturaux qui suscitent une émotion profonde que Champollion a évoquée dans une lettre écrite à Thèbes, le 24 novembre 1828 : *Là m'apparut toute la magnificence pharaonique, tout ce que les hommes ont imaginé et exécuté de plus grand... Je me garderai bien de vouloir rien décrire ; car, ou mes expressions ne vaudraient que la millième partie de ce qu'on doit*

Karnak, salle hypostyle
Seul sur son char, tiré par l'un de ses courageux chevaux au superbe panache, le roi incarne l'unité de l'harmonie qui triomphe de la multiplicité et du désordre, symbolisés par le chaos des ennemis terrassés.

dire en parlant de tels objets, ou bien si j'en traçais une faible esquisse, même fort décolorée, on me prendrait pour un enthousiaste, peut-être même pour un fou. Il suffira d'ajouter qu'aucun peuple ancien ni moderne n'a conçu l'art de l'architecture sur une échelle aussi sublime, aussi large, aussi grandiose que le firent les vieux Égyptiens ; ils concevaient en hommes de 100 pieds de haut, et l'imagination qui, en Europe, s'élance bien au-dessus de nos portiques, s'arrête et tombe impuissante au pied des 140 colonnes de la salle hypostyle de Karnak.

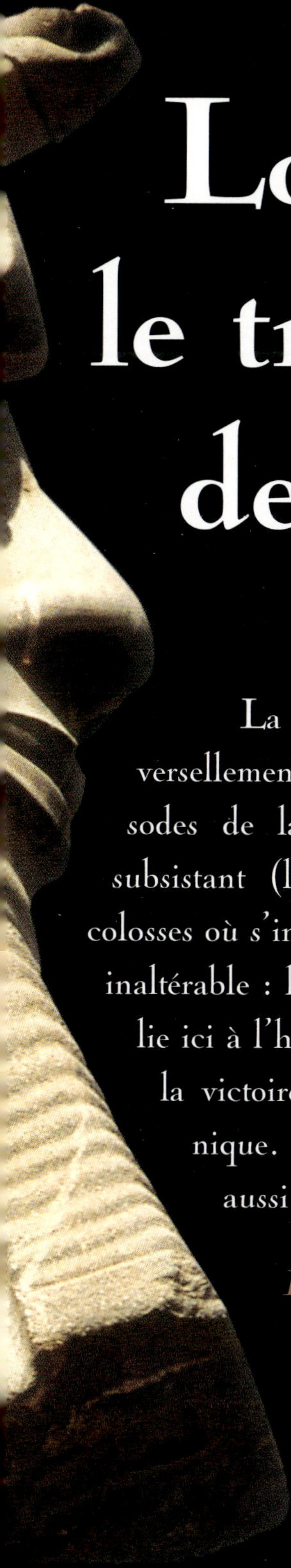

Louxor, le triomphe de la lumière

La façade du temple de Louxor est universellement célèbre : le pylône décoré des épisodes de la bataille de Kadesh, l'obélisque subsistant (le second se trouve à Paris), les colosses où s'incarne le *ka* du pharaon, son énergie inaltérable : la force triomphante de Ramsès s'allie ici à l'harmonie d'un ensemble qui consacre la victoire lumineuse de la fonction pharaonique. Plus rapide qu'un vent violent, aussi féroce qu'un lion aux crocs pointus,

Louxor
Le roi, de son regard à jamais vivant, le serpent uraeus au front, regarde le monde du temple sur lequel il continue à régner.

semblable à un faucon et à un taureau, Ramsès remporte pour toujours ses combats livrés contre le plus redoutable des adversaires, *isefet*, terme égyptien qui peut se traduire par « injustice, désordre, mal, laideur ». Quand Ramsès bande son arc pour décocher flèche sur flèche, il n'est plus un homme, mais un jaillissement de lumière qui dissipe les ténèbres.

Louxor - Le mur d'enceinte, les colonnes de la cour de Ramsès II, les revers des pylônes et la tour de la mosquée, implantée dans le temple.

Louxor
Équipés de leurs boucliers et d'armes pour le combat rapproché en forme de faucilles, les soldats de Ramsès avancent d'un pas allègre, lors d'une grande fête.

En tant qu'incarnation de l'unité, Ramsès est plus fort que des milliers d'ennemis coalisés ; son père, Amon, ne pouvait pas oublier son fils lors du combat contre la barbarie, et lui donna la victoire parce que Ramsès avait su accueillir la présence divine en son cœur.

Comme le proclame un texte du pylône, *Ramsès a construit un monument pour son père Amon-Râ, un grand et noble pylône devant son temple, et érigé des mâts qui touchent le ciel.* Granit rose, granit noir, calcaire fin, or, cuivre d'Asie, bois de pin : les matériaux les plus précieux furent utilisés pour faire de Louxor un écrin où le

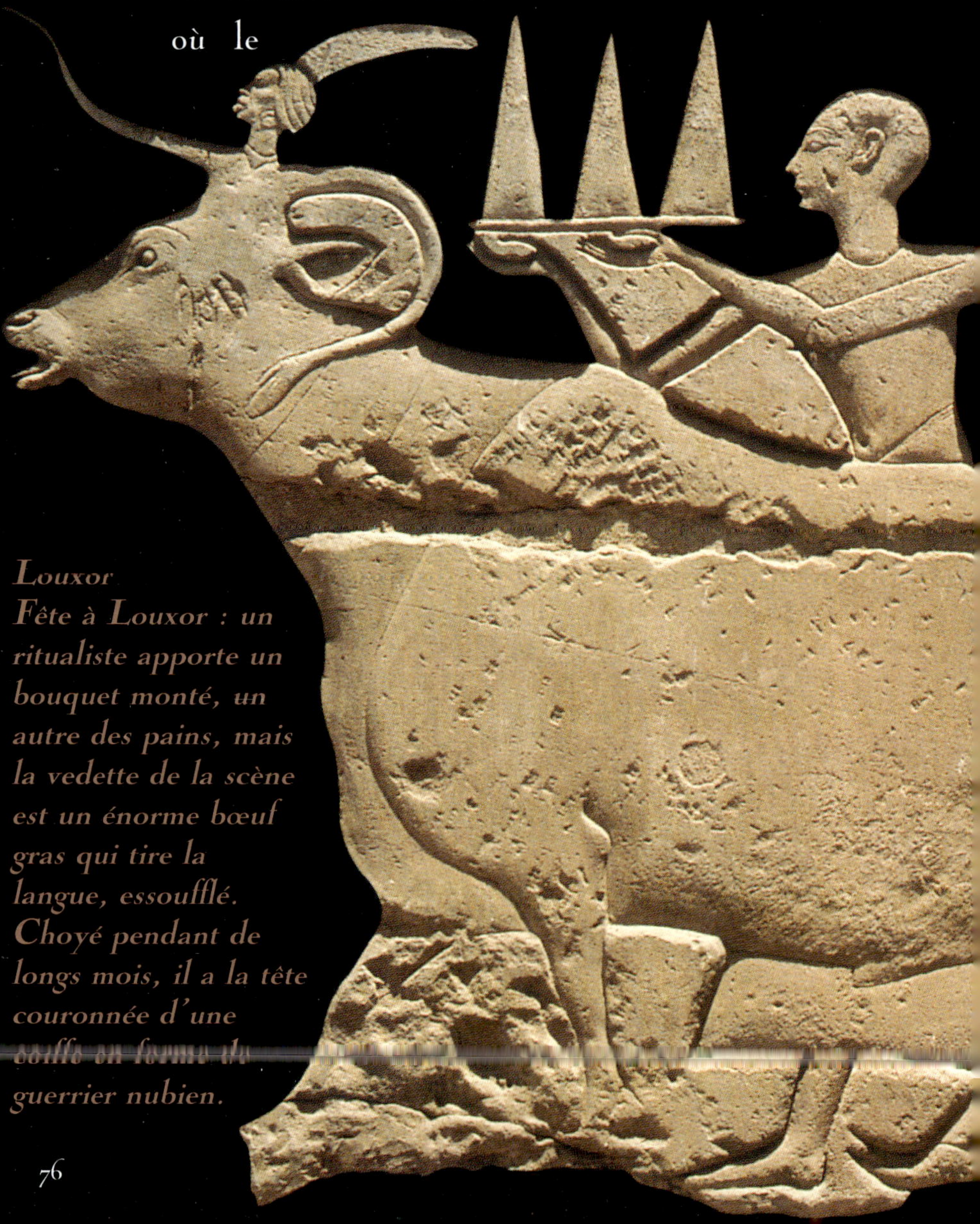

Louxor
Fête à Louxor : un ritualiste apporte un bouquet monté, un autre des pains, mais la vedette de la scène est un énorme bœuf gras qui tire la langue, essoufflé. Choyé pendant de longs mois, il a la tête couronnée d'une coiffe en forme de guerrier nubien.

dieu créateur et le *ka* de Ramsès fraterniseraient au-delà des temps. Et, dans l'avant-cour, il est rappelé que l'or, l'argent, le cuivre, la turquoise, le lapis-lazuli et tous les matériaux précieux furent apportés en procession au temple, en provenance des déserts d'Égypte, mais

Louxor
La cour de Ramsès II, avec les colosses du pharaon, gardant l'accès de la colonnade qui débouche sur la cour d'Amenhotep III.

Dans la cour de Ramsès II, les statues du pharaon le représentent vivant et en marche. Animé par l'énergie de la résurrection, le colosse de pierre suit le chemin de Dieu, « sur lequel il fait bon marcher ».

aussi de contrées lointaines comme le Hatti, Babylone ou la Crète.

Un autre texte[1] précise que le roi, « connaissant comme Thot », a fait des recherches dans les archives de la Maison de Vie pour y découvrir les secrets du Ciel et de la Terre, donc être capable de bâtir la demeure du divin et d'y vénérer l'unité tout en faisant offrande aux cent vingt-quatre formes manifestées d'Amon.

Louxor - Ce colosse assis de Ramsès le Grand est l'une des plus belles réussites de l'art ramesside, illustrant l'impossible alliance entre la puissance et la grâce. Le léger sourire du roi est celui d'un être qui contemple l'au-delà avec la sérénité que confère le respect de l'harmonie de Maât.

En pénétrant dans la cour ramesside de Louxor, on oublie les bruits de guerre pour goûter la victoire de l'esprit ; rendus vivants par les rites, le visage animé d'un léger

Ramsès, dans la paix d'une chaude nuit d'été.

1. Voir Kitchen, Rita II, p. 183 sq.

sourire, les colosses royaux perpétuent le nom du roi dans un hymne de pierre à la puissance maîtrisée. Pharaon n'est-il pas la salle fraîche où l'on se repose, le rempart protecteur, l'abri à l'époque de l'inondation, l'eau fraîche pendant la saison chaude ?

Ici, Néfertari a joué de la musique pour enchanter les oreilles des dieux, et ses mélodies continuent à faire chanter les colonnes de Louxor.

Louxor
Agenouillé, Pharaon offre des fleurs et des fruits. Créées par la divinité, toutes les merveilles de la nature doivent lui être présentées avant d'être [illegible] hommes.

Dans la sérénité de la nuit, Pharaon veille sur le temple de Louxor.

Louxor - Coiffé de la couronne rouge, le roi s'adresse à la grande épouse royale pour célébrer ses qualités et sa fonction d'initiée aux mystères d'Amon.

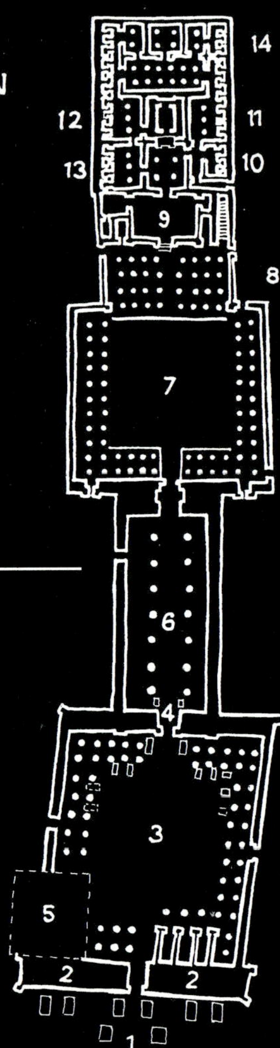

Temple de Louxor

1 - Cour de Nectanébo
2 - Pylône
3 - Cour de Ramsès II
4 - Pylône d'Amenhotep III
5 - Mosquée Abou el Haggag
6 - Allée des colonnes
7 - Cour d'Amenhotep III
8 - Salle à colonnes
9 - Ancienne chapelle transformée en chapelle de culte impérial
10 - Salle d'offrandes à quatre colonnes
11 - Sanctuaire de la barque
12 - Salle du couronnement
13 - Salle de la naissance
14 - Saint des saints

La façade du temple de Louxor, avec ses pylônes dans lesquels sont creusées des rainures destinées à recevoir des mâts à oriflammes, les colosses du ka de Ramsès et l'obélisque subsistant. Les mâts annonçaient la présence du divin, les pylônes symbolisaient les montagnes d'Orient et d'Occident [illegible] d'Osiris, Isis et Nephthys, qui célébraient les rites de résurrection, les obélisques incarnaient le rayon de lumière primordial, les colosses affirmaient la pérennité de l'institution pharaonique.

Une allée de sphinx à tête de bélier reliait Karnak à Louxor, ce dernier étant considéré comme « le temple du ka » et l'ultime sanctuaire de l'immense Karnak.

En route vers le Grand Sud

Assouan, l'île d'Éléphantine, les rochers de la première cataracte, les sables dorés qui annoncent les déserts du Grand Sud... Cette région, qui était la première province de Haute-Égypte, a un charme prenant. Il évoque celui d'Iset la Belle, devenue grande épouse royale après la mort de Néfertari[1]. Bien que sa personnalité fût plus effacée que celle de Néfertari, un document nous apprend qu'Iset monta au ciel parmi les étoiles et qu'elle ressuscita sous la forme d'une

1. Une stèle rupestre d'Assouan montre Iset la Belle en compagnie de Khaemouaset et de Mérenptah.

Karnak - Homme à tête de bélier, le dieu Khnoum régnait sur la province d'Éléphantine et sur les sources du Nil dont il libérait le flot, lors de la crue, en soulevant sa sandale. Lui qui a la maîtrise de cette énergie liquide purifie le pharaon pour qu'il soit apte à régner.

Paysage de Nubie, englouti sous les eaux du lac Nasser.

étoile unique[1]. C'est dire que la reine avait su remplir sa fonction avec dignité et conscience.

Malgré la beauté du site, Assouan est aujourd'hui défiguré par la présence du haut barrage, ce monstre de béton qui a étouffé la crue du Nil.

Comment des hommes ont-ils pu concevoir, programmer et réaliser la destruction d'un pays et d'une culture ? Au nom de la technique inconsciente de ses nuisances, on a déplacé les Nubiens et englouti une terre admirable. Aujourd'hui, les conséquences de la construction du haut barrage d'Assouan s'annoncent désastreuses

1. Statue Louvre 2272.

pour l'Égypte entière.

Ramsès avait domestiqué la crue et la Nubie. Grâce à la science de son temps et à sa connaissance du génie du fleuve, Hâpy, il avait canalisé le dynamisme du flot afin qu'il féconde la terre noire et en fasse une mère nourricière. Considéré comme « le père et la mère » de son peuple, Ramsès était le maître de cette énergie vitale sans laquelle aucun bonheur n'eût été possible.

La Nubie, que Ramsès a tant aimée, n'est plus qu'un fantôme noyé sous les eaux du lac Nasser.

Un bas-relief du temple nubien de Beit el-Ouali montre la très belle déesse Anouket, régente de la région d'Éléphantine et des contrées du Sud. Elle allaite Ramsès, adolescent coiffé de la couronne bleue. Grâce à l'énergie offerte par la déesse, la fonction pharaonique échappe à tout vieillissement.

Medinet Habou
Le roi est un taureau vigoureux, à l'énergie inépuisable, qui féconde le Ciel et la Terre.

L'inondation à Louxor
Le couronnement de Ramsès fut marqué par plusieurs phénomènes extraordinaires, dont le retour du phénix et une crue remarquable qui féconda avec ardeur la terre noire d'Égypte, pour manifester la bienveillance des dieux à l'égard du nouveau pharaon.

Et voici le désert du Grand Sud, au-delà d'Assouan et de la première cataracte. Dans ce pays de feu, Ramsès a découvert de l'or et de l'eau, cette eau qui provient du Noun, l'océan des origines. C'est Dieu qui a guidé l'esprit du roi, alors que les gorges étaient desséchées et que l'on redoutait la mort. *Je créerai pour les voyageurs un point d'eau, afin qu'ils reprennent vie !*, affirma le roi qui, comme son père Séthi Ier, possédait des dons de radiesthésiste. Les dieux résidèrent effectivement dans le puits, auquel Pharaon donna un nom remarquable : *Que soit stable l'harmonie (Maât) de la Lumière*.

Le désert de Nubie, avec ses étranges pyramides naturelles de roche et de sable, mais aussi avec les temples et les chapelles de Ramsès, Beit Ouali, Gerf Hussein, Deir, Ouadi es Seboua... autant de monuments qui créaient des liens indestructibles avec les divinités.

Et voici, au loin, le site d'Abou Simbel.

Karnak, chapelle rouge Hâpy, incarnation de la crue fécondante du Nil, est représenté sous la forme d'un homme bedonnant qui offre à l'Égypte la vie, la richesse et la prospérité.

Abou Simbel, un hymne à l'amour

Et demeure cet autre miracle du règne de Ramsès, Abou Simbel, au cœur de la Nubie. Hélas ! Les deux temples, démontés et remontés pierre par pierre, ne se trouvent plus sur le site primitif, choisi avec tant de soin par Pharaon ; ils ne s'adossent plus à la falaise, mais à un dôme artificiel de béton et de métal. Grâce à une prise de conscience de la communauté internationale, Abou Simbel, malgré ces désagréments, fut

Abou Simbel
Le visage souriant et lumineux du roi devenu Osiris, donc ressuscité dans la paix des paradis de l'au-delà.

La façade du grand temple d'Abou Simbel, avec les quatre colosses assis, manifestant la puissance du ka de Ramsès.

sauvé des eaux dévastatrices du lac Nasser, qui engloutirent d'autres édifices moins prestigieux.

Pour beaucoup, ce sont les deux temples d'Abou Simbel qui illustrent le mieux le règne de Ramsès. Il est vrai que le « grand temple », avec ses quatre formidables colosses assis qui multiplient le *ka* du roi en étendant les frontières de l'Égypte aussi loin que les

piliers du ciel, et le « petit temple », dédié à Néfertari « pour laquelle le Soleil se lève », offrent une éblouissante synthèse du règne.

Ici sont évoqués la bataille de Kadesh, le traité de non-belligérance avec les Hittites, le mariage avec la fille de l'empereur du Hatti pour sceller la paix au Proche-Orient, qui

Abou Simbel
Le lion apprivoisé de Ramsès en pleine action, lors de la bataille de Kadesh. Comme les chevaux du monarque, il fut un allié indéfectible et combattit avec toute son énergie pour le triomphe du pharaon.

Les quatre divinités du naos d'Abou Simbel. De droite à gauche : Râ-Horakhty (la lumière divine), le ka de Ramsès (sa puissance immortelle), Amon (le secret de la création), Ptah (le bâtisseur).

Abou Simbel
La montée vers le Saint des saints du temple, jadis fermé par des portes que seul Pharaon, ou son représentant, pouvait ouvrir. Le plafond descend, le sol monte, et tout se rejoint et s'accomplit au cœur du naos où naît la lumière.

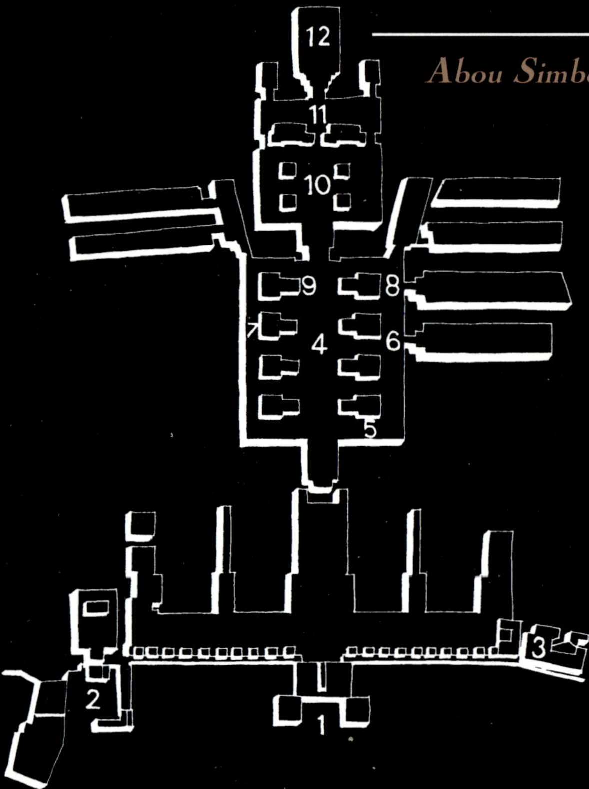

Abou Simbel, le grand temple

1 - Accès au temple et façade
2 - Stèle du mariage
3 - Sanctuaire solaire à ciel ouvert
4 - Grande salle aux huit colosses
5 - Scène du sacrifice des ennemis
6 - Bataille de Kadesh
7 - Scènes de guerre
8 - et 9 - Captifs présentés aux dieux
10 - et 11 - Salles intermédiaires
12 - Saint des saints

Sur la façade du « petit temple » d'Abou Simbel, le visage juvénile du pharaon, régénéré par la magie de la grande épouse royale, « celle qui voit Horus et Seth » réunis dans le même être.

La façade du « petit temple » d'Abou Simbel, dédié à la reine Néfertari. Debout et en marche, le pharaon et la grande épouse royale sortent de la falaise pour porter dans le monde des hommes la lumière du temple.

Vallée des Reines, tombe n° 55
Une représentation du dieu Ptah, qui crée le monde par le Verbe et inspire la main des artisans. Ptah tient un sceptre qui symbolise la vie, l'épanouissement et la stabilité. Ptah favorisa Ramsès, qui lui manifesta une vénération particulière.

Deir el-Bahari
La représentation d'un autre lion, cette fois au repos et en majesté. Le noble fauve fut au service de la reine Hatchepsout et continue à garder son temple de Deir el-Bahari.

fut l'une des grandes œuvres de Ramsès. Mais le message d'Abou Simbel dépasse les événements historiques. Lorsque, deux fois par an, les rayons du soleil pénétraient au fond du sanctuaire du grand temple, vers le 20 février et le 20 octobre, ils touchaient quatre statues taillées dans la roche. Elles représentent Amon, Râ-Horakhty, le *ka* de Ramsès et Ptah. Seul ce dernier dieu n'est qu'effleuré par

Abou Simbel
Devenue déesse d'or, portant une couronne surmontée de deux hautes plumes, le serpent uraeus au front, la reine Néfertari manie le sistre dont les vibrations protègent le sanctuaire.

la lumière et demeure donc dans le secret. Or, Ptah, le dieu des bâtisseurs et des artisans, crée le monde par le Verbe ; à Abou Simbel, il s'adresse en ces termes à Ramsès : *Je te choisis, je te façonne, je rends ta pensée divine, je fraternise avec toi dans un embrasement de lumière, je rends ton cœur heureux et tes paroles efficaces, je fais en sorte que tu n'ignores rien, je te nourris de vie pour que tu fasses vivre autrui.*

Abou Simbel
Ramsès archer sur son char de guerre, tiré par ses deux fidèles chevaux qui ne manquèrent jamais de courage lors des combats contre l'adversaire.

Abou Simbel
La déesse Hathor, protectrice de la reine, présente à Ramsès la « tige des millions d'années » et le collier-menat qui lui donne une énergie nouvelle.

De plus, selon un hymne à Amon écrit sur papyrus et conservé au musée de Leyde, *Trois sont tous les dieux : Amon, Râ et Ptah*. Lorsque le Ciel formule un message, il est entendu à Héliopolis, la cité de Râ, la lumière divine ; il est répété à Memphis, la cité de Ptah, le bâtisseur ; et il est écrit à Thèbes, la cité d'Amon, le dieu caché, dont nul homme ne peut connaître la véritable forme. Associé à ces trois dieux, Ramsès

L'intérieur du grand temple d'Abou Simbel, où le roi est représenté en Osiris. Au fond, le naos qui contient les statues divines.

est aussi celui qui règne sur les trois villes majeures de l'ancienne Égypte, Héliopolis, Memphis et Thèbes.

Ramsès, le guerrier victorieux, le maître incontesté du double pays, est aussi celui qui offre des fleurs à la déesse Hathor, pour faire briller de joie le visage de la souveraine des étoiles. Lui, qui appréciait

Abou Simbel
Ramsès engagé dans un combat au corps à corps : serein, puissant, sûr de sa force, le roi piétine un ennemi vaincu et terrasse un autre adversaire. L'harmonie triomphe du chaos.

tant le peuple des arbres, était aussi un jardinier qui aimait faire pousser les plantes pour illuminer le regard de sa mère céleste.

À Néfertari, Ramsès offrit le « petit temple » d'Abou Simbel, dont la dédicace est un poème d'amour : *Ramsès a construit un temple destiné à la grande épouse royale Néfertari, aimée de Mout, un édifice creusé dans la montagne pure de Nubie, en belle pierre de grès, pour l'éternité.* Le sanctuaire est consacré à la rencontre de la reine avec Hathor, la souveraine des étoiles, celle qui « dilate le cœur ». Qui a vu le visage de Néfertari, couronnée par les divinités dans le secret de son temple, a eu la chance de contempler une perfection qui n'est plus tout à fait de ce monde.

Abou Simbel
Horus, maître de la Basse-Égypte, et Seth, maître de la Haute-Égypte, couronnent Ramsès. Les deux frères ennemis se réconcilient et s'apaisent dans la personne du pharaon.

Sur ce site d'Abou Simbel, comment ne pas songer à Sétaou, le charmeur de serpents irascible et indépendant, mais aussi serviteur de Pharaon et vice-roi de Nubie ? Comme Ramsès, il aima ce pays ardent et sut le rendre prospère.

Abou Simbel est aussi, pour moi, un souvenir dramatique. C'est ici, devant la façade du grand temple, au pied d'un des colosses de Ramsès, qu'un de mes amis les plus proches est mort brutalement, par une chaude journée de printemps, sous un soleil écrasant.

Quitter cette terre face à Ramsès, face au sourire paisible d'un géant de pierre dont le regard est tourné vers l'au-delà, est-il manière plus somptueuse d'entreprendre le grand voyage ?

Abou Simbel Ramsès offre de l'encens, Néfertari joue du sistre : en honorant les dieux, en apaisant les forces dangereuses et destructrices pour faire surgir une création lumineuse, le couple royal remplit sa fonction suprême.

Abou Simbel L'intérieur du temple de Néfertari, où prédominent des teintes douces et apaisantes. Ramsès est ici accueilli dans un univers de déesses où la grande épouse royale est éternellement couronnée.

Abydos,  ou le mystère de la résurrection

Notre pèlerinage nous ramène vers le nord, vers la Moyenne-Égypte, où nous faisons halte sur le site d'Abydos, la cité sainte d'Osiris. Ici, Osiris meurt et ressuscite ; ici étaient célébrés ses mystères auxquels participaient un petit nombre d'initiés, dont Pharaon et la grande épouse royale.

Lors de sa première visite à Abydos en tant que maître des Deux Terres, Ramsès intervint

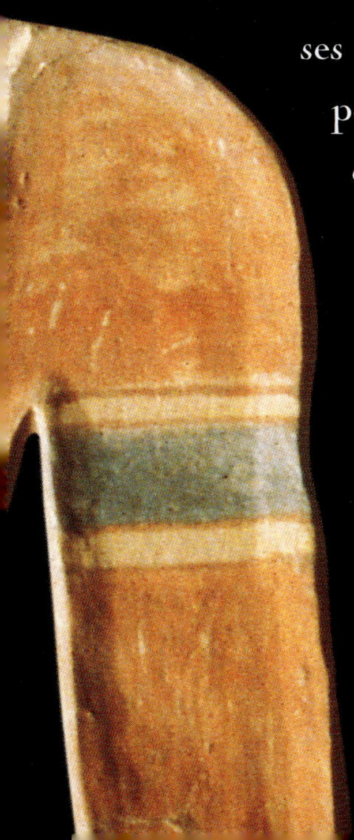

Vallée des Reines, tombe n° 55
Anubis, « l'inventeur » de la momification, est le dieu à tête de chacal qui transforme la mort en vie. C'est un dieu chacal, qui veillait sur le site d'Abydos dont Osiris devint le maître.

avec vigueur. À son grand mécontentement, il trouva un chantier plus ou moins abandonné, donna l'ordre de reprendre les travaux avec vigueur et réorganisa le travail en accordant au temple des privilèges inaliénables pour que son personnel vive à l'abri du besoin.

Abydos
Amon, le dieu caché, et Atoum, le principe organisateur du vivant, créent le pharaon, dont la tête est entourée de signes hiéroglyphiques symbolisant la vie.

Le temple de Séthi Ier fut achevé et devint un chef-d'œuvre dont la majeure partie nous est parvenue intacte. En revanche, le temple de Ramsès lui-même, de moindres dimensions, est réduit à l'état de vestiges où l'on peut néanmoins contempler quelques superbes bas-reliefs, comme la

Colonnade du temple d'Abydos, où furent célébrés le culte divin journalier et les mystères d'Osiris, auxquels prenaient part le pharaon et la grande épouse royale.

procession des bœufs gras vers le temple, évocatrice de la richesse de l'époque.

Sur ce site, Ramsès rechercha la protection des ancêtres, « les maîtres de la nécropole ». En accomplissant des offrandes à l'au-delà, en abolissant la frontière entre la vie et la mort, le pharaon s'unissait à Maât, la norme harmonieuse de l'univers, et situait son règne au-delà des vicissitudes humaines. C'est pourquoi, dans un texte, la déesse Séchat reconnaît que Ramsès fait régner la justice, satisfait les dieux et qu'il est un mur de métal céleste qui met son peuple à l'abri du malheur.

Le rituel d'Abydos ne dit-il pas que Pharaon rajeunit en voyant Maât, qu'il vit d'elle, qu'elle le vivifie, que les yeux du roi sont Maât, que ses membres sont Maât, que son souffle est Maât ?

Et l'acte suprême du culte consiste à offrir Maât à elle-même.

À l'intérieur du temple de Séthi, dont les sculptures et les peintures sont si parfaitement conservées qu'on les croirait

Medinet Habou, Thèbes ouest. Conformément à la tradition, le roi apprenait à son successeur l'art de la capture du taureau, l'animal le plus puissant d'Égypte, l'incarnation terrestre du ka, la puissance créatrice. Ici, l'on voit une scène de chasse au taureau sauvage dans les marais.

Lors des rites du matin, le pharaon éveille le dieu, puis nourrit et habille symboliquement sa statue. Ici, il oint le front divin avec de l'onguent qui régénère la chair.

achevées d'hier, deux épisodes très émouvants.

Le premier met en scène Séthi et le jeune Ramsès rendant hommage aux pharaons qui les ont précédés et s'inscrivant ainsi dans la tradition des dynasties ; dès l'adolescence, le père inculqua au fils le sens de la grandeur de l'Égypte et la nécessité de lui consacrer sa vie. Le second épisode, qui m'a servi de modèle pour le premier chapitre du *Fils de la Lumière*, est la capture du taureau sauvage, l'animal le plus redoutable qu'ont connu les anciens Égyptiens. Le fils a eu

Abydos - L'offrande du collier d'or qui couvrira la poitrine de Pharaon et lui permettra de prendre place parmi ses frères les dieux.

le courage d'affronter l'épreuve, et le père l'a aidé à manier correctement le lasso qui immobilisa le monstre.

C'est à Abydos que Ramsès apprit à connaître « les secrets du Ciel et les mystères de la Terre », à servir Maât, la règle de l'univers qui existait avant l'humanité et qui lui survivra, et à entendre l'enseignement des vieux sages, lesquels affirment que *Dieu aime la vérité et déteste le mensonge*.

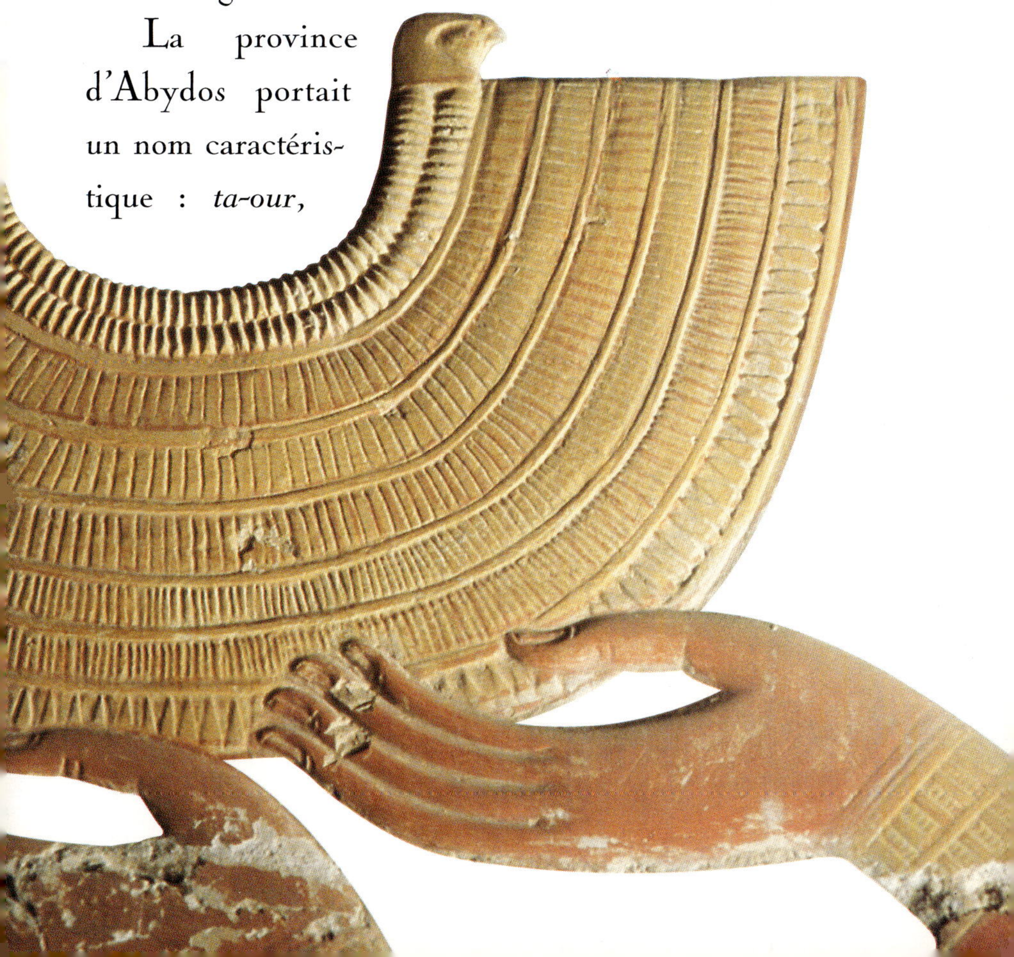

La province d'Abydos portait un nom caractéristique : *ta-our*,

Pharaon coiffé de la couronne bleue, qui souligne ses liens avec le cosmos, en tant qu'intermédiaire entre le Ciel et la Terre. L'art d'Abydos est ici à son apogée.

« la grande terre », « la terre primordiale ». C'était là, en effet, qu'était effectuée la mise en terre d'Osiris, que son épouse Isis parvenait à ramener à la vie après avoir rassemblé ses membres épars.

Lors de la célébration des mystères, Isis et Nephtys faisaient appel au dieu disparu pour qu'il revienne dans son temple, lui, la semence mystérieuse issue du créateur, lui sans lequel on était privé de vie.

Qu'il revienne en paix, le ressuscité, imploraient-elles, *lui qui est l'arbre de vie, lui, le Rassemblé que l'on voit à l'Orient, lui, le maître de l'amour, vers lequel viennent les dieux qui sont dans le ciel, dans la terre et dans le monde intermédiaire.* Et Osiris renaissait, avec des os d'argent, des vertèbres de turquoise et des cheveux de lapis-lazuli. C'est en errant dans ce temple, en le découvrant salle après salle, en s'attardant sur les détails des bas-reliefs qui enchantent l'âme autant que le regard, que l'on peut percevoir la manière dont les Égyptiens ont vécu le mystère de la résurrection, avec la volonté de transmettre leur expérience tant par le texte que par l'image.

Du temple de Ramsès II à Abydos, malheureusement ruiné, ne subsistent que quelques bas-reliefs, comme cet Hâpy et cette province, symbolisée par une femme, qui apportent au temple les richesses de la nature (double page suivante) ; ou comme cette procession de serviteurs chargés d'offrandes et accompagnés d'un bœuf gras, qui évoquent l'abondance et le plaisir de vivre à l'époque de Ramsès le Grand.

À mon sens, Abydos est l'une des clés majeures de l'Égypte. La rencontre avec les mystères d'Osiris ne saurait laisser indifférent et, si peu préparés que nous soyons à une telle vision, elle laisse en nous une trace indélébile.

Ramsès entendit les paroles d'Osiris, préservées dans « la grande inscription dédicatoire

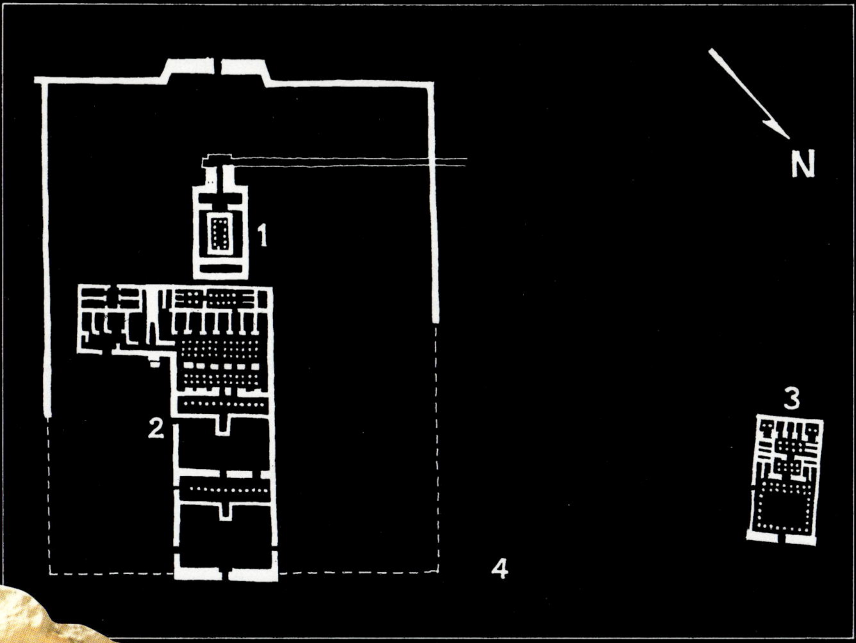

Les temples d'Abydos

1 - Cénotaphe ou Osireion
2 - Grand temple de Séthi Ier
3 - Temple de Ramsès II
4 - Vestiges du temple de Ramsès Ier

d'Abydos » : *Mon cœur est satisfait de ce que tu as fait pour moi, je suis joyeux parce que tu as fait Maât pour moi. Ta récompense est la durée du Ciel.*

Ramsès à Memphis

En continuant vers le nord, notre pèlerinage nous mène à Memphis, la capitale de l'Ancien Empire, située à la jonction du delta et de la vallée du Nil. De la ville fondée par le premier pharaon, Ménès, et constamment embellie par ses successeurs, dont Ramsès, il ne reste que de pauvres vestiges.

Sur le site de Mit-Rahineh, une surprise est réservée aux touristes. À l'intérieur d'un bâtiment moderne, ils découvrent un colosse de Ramsès gisant sur le dos et tenant dans sa main le testament des dieux qui lui léguèrent l'Égypte pour la faire fructifier.

Le poing du colosse de Ramsès, tenant le testament des dieux.

La pyramide à degrés de Saqqara Le pharaon Djéser et son maître d'œuvre Imhotep édifièrent un gigantesque escalier vers le ciel pour permettre à l'âme royale d'atteindre les paradis.

Même dans cette position, Ramsès triomphe. Et lui seul a survécu à l'anéantissement de Memphis, cité cosmopolite accueillante aux étrangers et à leurs dieux ; les poètes égyptiens comparaient Memphis à un calice de fruits, et quiconque s'éloignait de la belle cité en éprouvait aussitôt la nostalgie.

Ici a vécu et travaillé Âcha (dont le nom complet était Âcha Hebsed), qui porta le titre remarquable d'« envoyé royal vers toutes les terres

étrangères », et fut donc un diplomate de premier plan. Grâce à des hommes de sa trempe, Ramsès parvint à éteindre les conflits qui embrasaient le Proche-Orient.

Si la ville de Memphis a disparu, son immense nécropole, en revanche, a vaincu les siècles. C'est à Saqqara, site dominé par la pyramide à degrés de Djéser, que Khâ, le fils de Ramsès et grand prêtre de Memphis, dont le nom complet, Khâ-em-ouaset, signifie « Celui qui est apparu en gloire à Thèbes », se préoccupa de restaurer des monuments anciens (la pyramide de Djéser, celle d'Ounas, le temple solaire de Neouserrâ, etc.) et d'agrandir le Serapeum où les taureaux Apis

Le visage du colosse de Ramsès, avec la barbe postiche.

étaient déposés, après la momification, dans de gigantesques sarcophages.

Khâ-em-ouaset se présente comme celui qui a reçu la sagesse de Thot et qui demande aux prêtres, aux ritualistes, aux scribes et aux chefs des artisans de réciter des formules de transformation en lumière et de présenter les offrandes.

Le colosse couché de Ramsès, l'un des seuls vestiges de la grande cité de Memphis.

Gardien du plateau de Guizeh, où furent édifiées les pyramides de Khéops, de Khéphren et de Mykérinos, le sphinx fut considéré comme l'incarnation du Soleil levant. À l'époque de Ramsès, plusieurs restaurations furent entreprises sur le site.

Ramsès ne négligea pas le site grandiose de Guizeh, puisque des stèles au nom du pharaon furent déposées près du sphinx et dans le temple de la vallée. Tout récemment fut découverte une grande statue de granit rose, enfouie au pied de la pyramide de Mykérinos et qui insiste sans doute sur le caractère solaire du pharaon. Et il y a encore

La chambre de résurrection de la pyramide d'Ounas, à Saqqara où, pour la première fois, furent révélés les Textes des Pyramides gravés sur les parois en colonnes verticales de hiéroglyphes.

tant d'endroits à fouiller que d'autres monuments de Ramsès verront certainement le jour dans les années à venir.

Sur la face sud de la pyramide du pharaon Ounas est encore visible une inscription gravée sur l'ordre de Khâ-em-ouaset pour rappeler qu'il a remis

en état ce vénérable monument de la cinquième dynastie. À l'intérieur furent révélés, pour la première fois, les *Textes des Pyramides*, écrits en longues colonnes verticales. La première phrase, destinée à tout pharaon, s'applique de manière éclatante à Ramsès : *Ô roi, tu n'es pas parti mort, tu es parti vivant.*

Memphis, le Serapeum. Vue extérieure (en haut) et vue intérieure (en bas), gravures de Freeman d'après Mariette. Momifiés, les taureaux Apis furent déposés dans de gigantesques sarcophages, installés dans des galeries souterraines. C'est le fils aîné du roi, Khâ-emouaset, qui embellit ce site et lui donna une allure grandiose.

Échos d'une capitale

Au nord de Memphis, le delta du Nil, riche région agricole. Malheureusement, les édifices de l'ancienne Égypte ont été détruits, pierre par pierre. De grandes cités comme Saïs, Mendès ou Bubastis, il ne reste que quelques traces. Le même sort fut réservé à la magnifique capitale de Ramsès le Grand, Pi-Ramsès, la cité de turquoise dont les textes vantent le charme et la beauté.

« Riche en victoires », Pi-Ramsès occupait une position stratégique, tournée vers le nord-ouest et le couloir d'invasion syro-palestinien. En

Tombe thébaine de Sennefer, dite « tombe des vignes » Assis sous l'arbre de la résurrection, un maître de domaine et haut dignitaire de Pharaon hume le parfum subtil d'une fleur de lotus, le parfum de l'immortalité.

Tombe thébaine n° 261 La cueillette du raisin sous une treille. La qualité des vins du Delta était réputée.

y résidant, le pharaon était vite informé des mouvements de troupes adverses et pouvait réagir sans perdre de temps.

Des casernes, un arsenal, des écuries : Pi-Ramsès était prête à guerroyer pour sauver l'Égypte mais, la paix venue, elle fut accueillante aux étrangers et à leurs divinités, qui découvrirent une campagne luxuriante, des vergers où poussaient grenadiers, pommiers et oliviers, des canaux poissonneux, des jardins fleuris, des étangs

et des lacs de plaisance, des greniers remplis d'orge et d'épeautre. Et chacun pouvait prononcer cette phrase qui traduit bien le bonheur d'un peuple : *Les petits y sont comme les grands.*

Tombe thébaine n° 44
Somptueusement vêtu, le pharaon fait brûler de l'encens et verse de l'eau sur les offrandes. La préservation des couleurs permet d'imaginer le faste des rituels ramessides.

Ramesseum
Les écuries de Pi-Ramsès étaient célèbres ; le roi aimait les chevaux, considérés comme l'une des expressions achevées de la beauté, et il veillait à ce qu'ils fussent soignés avec amour et attention.

Un canal bordé
de rives à la végétation
luxuriante, un paysage
d'une douceur et d'une
beauté qui évoquent le
site de Pi-Ramsès.

Tombe thébaine n° 255
Une noble dame, qui est
aussi une prêtresse
coiffée d'une lourde et
coûteuse perruque,
manie un sistre doré
pour attirer les faveurs
de la déesse Hathor.

Karnak, temple de Ptah
La terrifiante déesse Sekhmet à tête de lionne est porteuse de tous les maux et de tous les dangers, mais aussi des remèdes et des formules de puissance pour les conjurer. Ramsès sut s'en faire une alliée et non une ennemie.

Tombe thébaine n° 82
Un décor de lotus en fleur, comme il en existait au palais de Pi-Ramsès.

Tombe thébaine n° 255
Une scène de banquet comme il s'en célébra d'innombrables à Pi-Ramsès. Les invités sont somptueusement vêtus, les nourritures succulentes, et un prêtre vêtu d'une peau de panthère ne manque pas d'accomplir des rites d'offrandes pour rappeler que toute richesse provient des dieux.

Les champs fertiles du Delta, au pied des palmeraies.

Karnak, salle hypostyle Lors de sa fête de régénération, le pharaon manifeste sa vitalité intacte lors d'une course rituelle qui lui permet d'affirmer sa capacité de régner. Il est accompagné du taureau, incarnation du ka, la puissance créatrice. Un temple spécialement consacré à ces fêtes de régénération avait été édifié à Pi-Ramsès.

La nostalgie de Tanis

C'est à Tanis, site proche de Pi-Ramsès, que l'on retrouve quelques vestiges de la capitale disparue. Furent transportés là, en effet, des obélisques, des statues et des stèles qui chantent la gloire de Ramsès. L'endroit est étrange, le pèlerin y ressent une profonde mélancolie, comme s'il souffrait de l'absence des jardins, des plans d'eau, des demeures ornées de lapis-lazuli et de turquoise, de la vie intense et joyeuse du peuple de l'ancienne Égypte.

En errant à Tanis, en rêvant à Pi-Ramsès, comment ne pas évoquer Moïse ?

Tanis - L'acte fondamental du culte quotidien, celui sur lequel repose toute la civilisation égyptienne : l'offrande de Maât, symbolisée par une femme assise, une plume sur la tête et tenant une « clé de vie ». Maât est la règle universelle, d'où proviennent la vérité, la justice et l'harmonie.

Ainsi fut-il instruit dans toute la sagesse des Égyptiens, et il était puissant en paroles et en œuvre (Actes des Apôtres, 7, 22) ; *Moïse était lui-même un très grand personnage du pays d'Égypte, en faveur auprès des courtisans de Pharaon et auprès du peuple* (Exode 11, 3). *Mais ce haut dignitaire dut quitter la terre des pharaons après avoir tué un Égyptien qui rouait de coups un Hébreu* (Exode 2, 11-12) et il n'y revint que pour exiger l'exode de son peuple.

Sans nul doute, il fallut un procès et un acquittement justifié par la légitime défense pour que les autorités permettent à Moïse de résider de nouveau en Égypte.

Sa liberté de

Le sommet d'un obélisque émergeant du sol de Tanis. On voit Ramsès agenouillé qui présente des offrandes à Amon.

Monticules de sable à fouiller, pans de mur rescapés, statues miraculeusement préservées : tel se présente le site de Tanis, étrange et nostalgique. Sur les monuments provenant de Pi-Ramsès, le pharaon, comparé à une montagne d'or, affirme sa capacité de construire pour les dieux.

ton avec Pharaon prouve que Moïse était, en effet, l'un de ses proches. Quant au thème de l'exode, développé par la Bible, il est le mythe fondateur du peuple hébreu et, à ce titre, échappe au regard de l'historien. Du point de vue de l'égyptologue, cependant, il existe une autre possibilité de lecture des événements. Il est certain, par exemple, que la fabrication des briques n'a jamais été confiée à des esclaves mais à des ouvriers qualifiés et salariés, et il est non moins certain que l'esclavage, au

Tombe thébaine n° 44
Un fils royal, portant la mèche de l'enfance et tenant le grand éventail. Malgré son jeune âge, ce personnage avait été désigné, en fonction de ses qualités, pour occuper un rang important dans l'administration.

sens où on l'entendait en Grèce et à Rome, n'a jamais existé en Égypte.

Dans *La Dame d'Abou Simbel*, j'ai évoqué les fameuses « plaies d'Égypte » selon la perspective du peuple de Pharaon. Pour prendre quelques exemples, l'eau du Nil changée en sang rappelle la couleur rouge du fleuve, pendant quelques jours, au début de la crue : autrement dit, un heureux présage. La sauterelle n'était pas un insecte obligatoirement redouté et nuisible, puisque le pharaon pouvait monter au ciel sur le dos d'une sauterelle et même se transformer en saute-

relle pour, d'un bond puissant, atteindre les paradis du cosmos (*Textes des Pyramides,* 891 d et 1772 b) ; il existe même un dieu sauterelle, Senhemou, auxiliaire du voyage de l'âme dans l'au-delà, et un « champ des sauterelles » où l'équipage de la barque du Soleil se purifie.

Tanis
Sur ce bloc, vestige d'un grand temple, Ramsès fait l'offrande du vin au dieu Râ.

Tombe thébaine de Ramosé - Ramesseum
La grenouille, sur laquelle repose la « tige des millions d'années » et qui s'appuie elle-même sur une sorte d'anneau, le chen, symbolisant le circuit du cosmos, était considérée comme bénéfique. Elle incarnait l'abondance, en rapport avec une infinité d'années heureuses.

Tanis (page de gauche)
Un couple surprenant : Ramsès siège aux côtés de la redoutable déesse-lionne Sekhmet dont il a su maîtriser l'énergie. C'est Sekhmet qui donne à Ramsès tous les pays, pacifiés en raison de la crainte qu'elle inspire.

Une grande quantité de sauterelles symbolisait les années bénéfiques d'un long règne.

La grenouille était considérée comme un animal bénéfique. Elle servait à écrire le chiffre 100 000, avec l'idée d'une abondance positive. La déesse Héket, à tête de grenouille, était la maîtresse des métamorphoses et favorisait les accouchements. Symbole de résurrection et de rajeunissement, la grenouille appartenait à la corporation des huit prin-

Tanis
Une triade divine : à droite, Ptah, le père ; à gauche, Sekhmet, la mère ; au centre, Ramsès, le fils, qui possède la science de Ptah et la puissance de Sekhmet.

cipes créateurs qui avaient organisé le monde à l'origine des temps. Et il était bon de s'entendre dire : Tu disposeras d'années comme la grenouille.[1]

1. Voir *Lexikon der Ägyptologie* II, 334-6 ; A. Jacoby et W. Spiegelberg, *Der Frosch als Symbol der Auferstehung bei den Aegyptern*, Sphinx 7, 1903, p. 215-228 ; H. G. Fischer, *Ancient Representations of Turtles*, New York, 1968 ; A. Gutbub, *Hommages Sauneron*, Le Caire, 1979, p. 402.

Sur le site de Tanis, le pied d'un colosse de Ramsès.

Quant aux perturbations célestes, autre « plaie », elles s'intégraient, elles aussi, dans une vision positive. Pharaon devenait un nuage chargé de pluie afin de se déplacer dans les nuées, et il affirmait : *Les orages de grêle du ciel m'ont pris et m'ont fait monter vers Râ.* Avec l'aide de ce dieu, d'ailleurs, Pharaon peut repousser les orages, disperser les nuages et briser la grêle[1]. N'oublions pas que Ramsès, selon la *Stèle du mariage,* était

capable, avec l'assistance de Seth, de modifier le temps.

Moïse réussit à réaliser son idéal, et Ramsès ne l'empêcha pas de fonder un nouveau pays, avec une nouvelle forme religieuse, parce que la tolérance était au cœur de la pensée pharaonique.

1. *Textes des Pyramides,* 336 b et 500 b. Voir aussi C. Jacq, « La Route fertile. La Symbolique des nuages selon l'Égypte ancienne », in *Les Nuages et leur Symbolique,* Paris, Albin Michel, 1995, p. 33-47.

Un défilé de « fils royaux » dont certains servirent dans l'armée et veillèrent sur la sécurité extérieure de l'Égypte.

Sous un ciel lointain

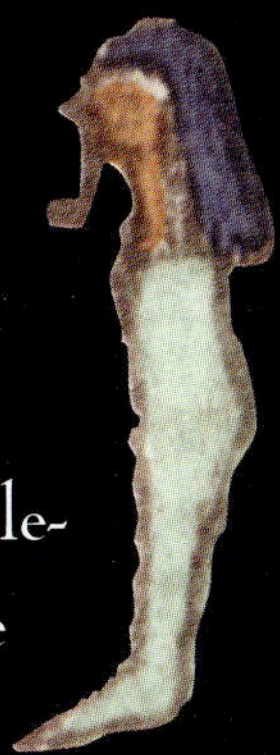

La dernière étape de ce pèlerinage ramesside nous entraîne loin de l'Égypte, loin des rives du Nil, du désert, des levers et des couchers de soleil de Louxor, puisqu'il faut aller jusqu'à Paris pour contempler, place de la Concorde, l'obélisque de Ramsès. Des obélisques en exil, il y en a d'autres, à Londres, à Rome, à New York ou à Istanbul. Mais celui-là rend présent Ramsès au cœur de la capitale de la France, dont les liens avec l'Égypte sont remarquables. N'est-ce pas grâce à l'expédition de Bonaparte que fut redécouverte la civilisation pharaonique,

Tombe thébaine de Kha-em-hat
Deux scribes aux cheveux finement ondulés s'inclinent avec respect pour présenter leurs écrits.

n'est-ce pas Jean-François Champollion qui l'a ressuscitée en nous offrant la clé de lecture des hiéroglyphes ?

En 1987, pendant un journal télévisé de TF1 diffusé depuis l'obélisque, j'ai déchiffré les textes gravés dans le granit, car les monuments les plus visibles et les plus connus sont parfois les moins étudiés ! Quatre plaques, correspondant aux quatre faces du monolithe, furent apposées pour permettre

aux curieux de lire cette traduction, mais elles furent vite volées, et il serait souhaitable de les remettre en place pour permettre au plus grand nombre de connaître le message de l'obélisque.

« Taureau puissant aimé de Maât », Ramsès fait offrande à Amon, le principe caché, qui lui accorde toute cohérence et toute « largeur de cœur ». Le roi forme un seul être avec Atoum, le créateur, et son nom est fermement établi. *Aussi longtemps que durera le ciel*, est-il écrit, *aussi longtemps dureront les monuments de Ramsès.*

Sous ce ciel parisien, bien trop loin de l'Égypte, je songe au fidèle entre les fidèles, à l'auteur qui a écrit la véritable épopée de Ramsès, à celui qui n'a survécu que pour la transmettre, je veux parler, bien sûr, du scribe Améni. Comme tout scribe, il connaissait ce texte conservé sur un papyrus du Nouvel Empire[1], qui parle en ces termes des écrivains : *Les livres, ce sont leurs prêtres. Leur fils, c'est le pinceau pour écrire. Leur épouse, c'est la tablette d'écriture. On prononce leur nom à cause des livres qu'ils ont écrits pendant leur existence. Un livre est préférable à une maison, car il construit des demeures et des pyramides dans le cœur de qui prononce le nom d'un écrivain.*

Paris, l'obélisque de la place de la Concorde
L'un des deux obélisques dressés devant la façade du temple de Louxor se trouve aujourd'hui à Paris, affirmant la présence de Ramsès le Grand au cœur de la capitale et de la France, et célébrant à jamais sa victoire sur les ténèbres.

Les ouvrages historiques sont périssables et condamnés par leur nature même à être

1. Cf. A. H. Gardiner, *Hieratic Papyri in the British Museum*, p. 38 et suivantes.

dépassés ; les récits, comme ceux des grands écrivains d'Égypte, comme ceux d'Homère, demeurent inscrits dans l'âme des lecteurs, de génération en génération.

Karnak, salle hypostyle Souveraine de la « Maison des livres » et de la « Maison de Vie », déesse de l'écriture sacrée, Séchat porte sur sa tête une étoile (à cinq, sept ou neuf branches), et tient deux tiges de « millions d'années » qui, grâce au pouvoir de transmission de la parole gravée dans les hiéroglyphes, perpétuent la vie de l'âme royale.

Quitter Ramsès et ses proches, quitter ce pharaon de légende est, pour moi, un moment déchirant. Mais l'écrivain doit s'effacer derrière ses héros, se souvenir qu'il n'est qu'un artisan, s'oublier lui-même pour faire vivre de plus grands que lui, simple plume au service de destins que le temps n'use pas. Et quel bonheur de constater que Ramsès a touché le cœur de tant de lecteurs, que son nom perdure et que sa puissance est intacte !

Le ciel de Paris devient gris, et l'obélisque aura fort à faire pour percer les nuages. Il remplit cette fonction depuis tant de siècles que ses hiéroglyphes, « les paroles de Dieu », réussiront une fois encore. L'heure est venue de repartir pour l'Égypte, de goûter l'aube du Ramesseum, de méditer dans le temple de Séthi, de revoir les demeures d'éternité, de vénérer la cime thébaine où réside la déesse du silence et de préparer le prochain livre.

Karnak
Le pharaon est un sage et un savant, parce qu'il est instruit par Thot, le maître des hiéroglyphes, « les paroles de Dieu », et le détenteur des sciences sacrées. Et c'est parce qu'il écoute ces paroles et qu'il pratique ces sciences que Pharaon peut gouverner de manière juste.

Crédits photographiques

Gamma/Landmann : 40-41 ; Dagli Orti G. : 114-115, 37, 44, 129 ; DR : 4, 5, 13, 15, 16, 19, 22, 25, 27, 29, 31, 32, 35, 43, 45, 47, 49, 50, 53, 54, 61, 62, 67, 70, 73, 82, 88, 95, 97, 100, 104, 111, 113, 114, 117, 118, 125, 126, 131, 136, 138, 141, 143, 147, 149, 153, 154 ; Institut Ramsès : 10, 11, 12, 13, 14, 15, 16, 17, 18, 19, 20, 21, 22, 23, 24, 25, 26, 27, 28, 29, 30, 31, 32, 33, 34, 35, 36, 37, 38, 39, 42, 43, 46, 47, 48, 49, 50, 51, 52, 53, 55, 56, 57, 58, 59, 60, 61, 62, 63, 64, 65, 66, 67, 68, 69, 69, 70, 71, 72, 73, 74, 75, 76, 77, 78, 79, 80, 81, 82, 83, 84, 85, 86, 87, 88, 89, 90-91, 92, 93, 94, 95, 96, 97, 98, 99, 100, 101, 102, 103, 104, 105, 106-107, 108, 109, 110-111, 112, 113, 116, 116-117, 118, 118-119, 120-121, 122, 123, 124, 125, 126, 127, 128, 130, 132, 133, 134, 135, 136, 137, 138, 139, 140, 142, 143, 144, 145, 146, 147, 148, 149, 150, 151, 152, 155, 156, 157.

Les cartes ont été réalisées par Sylviane Maget,
POLLEN, Lambesc.
Les plans des sites archéologiques
ont été réalisés par ARTHYS, Paris.

Réalisation

CIE 12 DOUZE

Direction artistique et mise en page
Stéphane Danilowiez
assisté de Christophe Petit

Suivi de réalisation et secrétariat d'édition
Marine Le Guen

Photogravure et flashage : PANCHRO, Paris.

Imprimé en France par Clerc s.a.
18200 Saint-Amand-Montrond
en Décembre 1996
Numéro d'édition : 37592
Dépôt légal : décembre 1996
ISBN : 2-221-08507-8